AF455405

La vraye posture du bel homme de cheual comme il est descript au chapitre 17. de la premiere partie du present liure, page 34.

A PARIS

Chez Guillaume l'Oyson, et Iean Baptiste l'Oyson, au Palais au nom de Iesus, et a la Croix d'Or.
Auec priuilege du Roy.

LA PRATIQVE
DV
CAVALIER
OV
L'EXERCICE
DE MONTER A CHEVAL.

QVI ENSEIGNE LA METHODE de reduire les Cheuaux dans l'obeïssance des plus beaux Airs & Maneiges.

Par Messire RENE' DE MENOV, Cheualier, Seigneur de Charnizay.

REVEV, CORRIGE' ET AVGMENTE' PAR LVY MESME; Auec les Figures, pour en donner l'intelligence

ENSEMBLE VN TRAITE' DES MOYENS d'empescher les Duels, & bannir les Vices qui les causent.

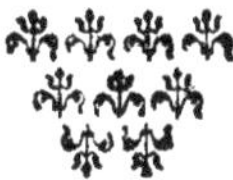

A PARIS,

Chez GVILLAVME LOYSON, en la Gallerie des Prisonniers, au Nom de IESVS. ET IEAN BAPTISTE LOYSON, en la Salle Dauphine, à la Croix d'or. au Palais.

M. DC. LI.

AVEC PRIVILEGE DV ROY.

AV ROY.

IRE,

Puis que VOSTRE MAIESTÉ fait connoistre que son inclination se porte à aymer l'exercice de la Caualerie, le plus beau, le plus necessaire, & le plus honorable qui se pratique dans le monde, comme celuy qui fait paroistre auec esclat dans la Guerre, les plus grands

Monarques à la teſte de leurs Armées: Et dans la Paix, aux entrées des grandes Villes, aux triomphes des Tournois, combats à Cheual, & autres magnificences publiques: Il eſt bien raiſonnable, SIRE, que ceux qui ont parfaite connoiſſance de cette ſcience, trauaillent à faciliter les moyens de l'apprendre à toute la vertueuſe & genereuſe Nobleſſe de voſtre Royaume, afin de la rendre capable de bien ſeruir VOSTRE MAIESTÉ dans le peril des combats, ou dans les exercices militaires qui ſe font pour le plaiſir. C'eſt ce qui m'a obligé de reuoir ce que i'ay eſcrit ſur ce ſujet, il y a pluſieurs années; Et apres y auoir corrigé & augmenté, ce que i'ay eſtimé neceſſaire pour le rendre exempt de la cenſure des plus grands Maiſtres en cét Art; I'ay crû que VOSTRE MAIESTE n'auroit pas deſ-agreable de le receuoir de moy; & de plus, qu'elle ne trouueroit pas mauuais, ſi je la ſuppliois tres-humblement de le vouloir lire. La raiſon, SIRE, pour laquelle je luy fais cette tres humble ſupplication eſt; Que dans tous les Arts, la Teorie luy eſt beaucoup plus neceſſaire que la pratique, & particulierement en celuy duquel je parle;

D'autant que VOSTRE MAIESTE' n'a besoin que de sçauoir de bonne grace, tirer d'vn Cheual dressé, ce que les Escuyers qui la seruiront luy auront enseigné. Mais sçachant parfaitement la Teorie, elle remarquera incontinent toutes les fautes que ceux qui se presenteront deuãt elle pourront faire: Et si elle desiroit passer outre, & se donner le plaisir de pratiquer quelque leçon en la science, de laquelle je traite, son esprit estant des-ja instruit de la veritable methode pour rendre vn Cheual acheué, trouueroit beaucoup plus de facilité en l'execution, que si elle n'en auoit point entendu parler auparauant. C'eſt ce qui m'a fait prendre la hardieſſe, SIRE, de donner cét aduis à VOSTRE MAIESTE', qu'elle receura (s'il luy plaiſt) en bonne part ; puis que le reſpect que je luy doits, & le zele que j'ay pour ſon ſeruice, me porte à n'auoir jamais autre deſſein que de luy plaire, & de luy teſmoigner par toutes mes actions, que ie ſeray iuſqu'au dernier ſoupir de ma vie.

SIRE,

De voſtre Majeſté,

Le tres-humble & tres-obeïſſant ſeruiteur & ſujet,

CHARNIZAY.

PREFACE.

CE n'est pas sans grande raison que de tout temps les Hommes ont estimé le Cheual le plus noble & le plus vtile de tous les animaux; Il n'y en a point qui approche si fort du naturel de l'Hōme, qui soit de plus belle taille, qui ayt plus de vigueur, de force & de courage, & qui auec cela soit si doux, si docile & si reconnoissant enuers celuy qui le nourrit, ny qui le serue plus fidelemēt & à plus d'vsages. On n'en voit point qui soit capable d'apprendre de plus belles choses; on ne sçauroit trouuer de seruiteur qui ayme mieux son maistre, qui le soulage plus dans ses affaires & dans ses voyages, qui le deffende de meilleur cœur, qui le seconde mieux dans les hazards de la guerre & qui soit plus agreable dans les plaisirs de la paix. Il n'y a iamais eu d'exercices illustres, ny de combats d'importance, où les Cheuaux n'ayent fait paroistre l'aduātage qu'il y a d'en auoir de bons; C'estoit auec eux que l'on r'emportoit les plus beaux prix dans la carriere des Ieux Olympiques; c'estoit eux qui faisoient les plus beaux spectacles du Cirque: Souuent ils ont esté cause du gain des batailles, & souuent encore ils ont sauué les plus grands Princes & les plus braues Hommes que la fortune abandonnoit au peril. Aussi les plus glorieux vainqueurs & les plus puissans Monarques les ont aymez auec tãt de paßion, qu'ils leur ont quelquefois erigé des Statuës, aßigné des pensions, & basty des monumens pour eterniser leur nom & leur memoire. Nous lisons entre mille exemples de cela, qu'Alexandre le Grand, le plus fameux de tous les Conquerans, bastit la ville de Bucephalie pour monument à son incõparable Bucephale: Que Iules Cesar mit la Statuë de son Cheual de cõbat deuant le Temple de Venus; Que l'Empereur Auguste fit éleuer vn tõbeau à vn Coursier qu'il auoit infiniment estimé; & les plus curieux sçauẽt que Rome n'a point de plus belle antique que le Cheual de Marc-Aurele. Les Histoires ont bien voulu prendre le soin de marquer quelquefois les noms, & d'écrire les actions de ces nobles animaux. Elles ont dit que le Cheual sur lequel cõbattit Rodrigue le dernier Roy des Gots en Espagne, s'appelloit Orelio, que celuy de l'Empereur Adrian se nõmoit Boristene;

Et que dans la bataille de Fornouë, nostre Roy Charles VIII. s'estant engagé trop auant dans les Ennemis, celuy sur lequel il estoit monté, quoy qu'âgé de vingt-huit ans, comme s'il eust eu sentiment combien estoit chere la personne qu'il portoit, seconda les coups de sa main auec son maniment, & combatit furieusement des pieds, des dents & du choc, se faisant faire largue de tous costez iusqu'à ce qu'il fust arriué de l'ayde. Les noms de Bayard & de Bridedor ne se trouuent pas moins souuent dans les anciens Romans & dans le diuin Arioste, que ceux de Roland & de Renaud; ces Autheurs ayans voulu monstrer par-là que les Cheuaux ont bonne part à l'honneur des victoires & des belles entreprises. C'est pourquoy le plus beau titre dont les Souuerains puissent honorer ceux que la grande naissance ou l'éminente valeur releuent pardessus les autres, c'est la qualité de Cheualiers: Et tous ces Ordres qu'ils ont instituez auec des marques esclatantes, lesquels ils portent eux-mesmes, & qu'ils distribuent aux plus grands de leurs Royaumes, n'ont point de nom plus illustre que celuy de Cheualerie.

Nos Roys faisoient autrefois de grandes despenses pour peupler la France de bons Cheuaux:

leurs Escuries estoient tousiours remplies des plus beaux qui se pussent trouuer au monde, & ils entretenoient des harats en diuers endroits pour en auoir en quantité & de la plus belle race. Il n'y auoit point de Gentils-hômes dans le Royaume qui se pleussent dauantage, ny qui entendissent mieux à manier vn Cheual & à le dresser, que les Roys Louys XII. François I. & Henry II. & à leur exemple, toute la Noblesse s'efforçoit de se monter aduantageusement & d'estre bien à Cheual, pour donner deuant leurs Princes des preuues de leur addresse & de leur valeur, dans les tournois & dans les combats. Apres ces heureux regnes, les Guerres ciuiles ayans renuersé tout l'ordre & aneanty les plus belles choses, on discontinua de tenir si grand conte des Cheuaux, & la Noblesse perdit le soin d'en nourrir & d'en dresser. Cette noble passion fut remise en vogue & plus en lustre que iamais, par le Roy Henry III. qui a son retour de Polongne trouuant sa grande Escurie desgarnie de bons Cheuaux, enuoya en Italie Monsieur de Sourdis son premier Escuyer, pour luy en amener des plus excellens & des mieux manians; ce qu'il fit, au nombre de cinquante, qui luy cousterent quarante mille escus.

Il faut aduoüer que iusques-là ce bel exercice de monter à Cheual n'estoit point encore en sa perfection dans les pays de deçà les Monts, & que la France n'en auoit point vne methode certaine & vn art reduit en preceptes, chacun trauaillant selon son inclination, & auec les moyens qu'il se figuroit de luy-mesme. C'est pourquoy Monsieur de Sourdis amena auec luy Monsieur de Pluuinel, Gentil-homme de Dauphiné, qui pour lors estoit à l'Eschole du Seigneur Iean-Baptiste Pignatel, le meilleur Escuyer de toute l'Italie: Et ainsi, la science de la Caualerie commença à s'establir en France, les beaux airs & maneges à s'y pratiquer, & les hommes à s'y dresser.

Mais comme Monsieur de Pluuinel, qui auoit commencé ce bel establissement, esperoit de le continuer sous le Regne de Henry le Grand, & le mettre au plus haut poinct d'honneur & de perfection, arriua la déplorable mort de ce grand Roy, qui causant vne infinité de mal-heurs à cét Estat, interrompit aussi ce beau dessein, & fit naistre des affaires generales, qui ne permirent pas de songer aux particulieres. La crainte que i'eus alors que la mort n'enleuast aussi cét homme illustre Monsieur de Pluuinel, & qu'ainsi ses belles maximes ne fussent enseuelies auec luy, me persuada que i'estois obligé pour éuiter ce mal-heur, de prendre la plume & de les mettre par escrit. Pour cét effet, ie voulus voir auparauant tout ce qui auoit esté dit de cét Art dans les liures de ceux qui en auoient traité, particulierement dans celuy qu'en auoit fait Monsieur de la Broüe, le meilleur de tous ceux qui ont precedé Monsieur de Pluuinel. Mais à dire vray, i'y remarquay beaucoup de leçons, qui selon la façon qu'il les expose, sont tout à fait impossibles à pratiquer, ou quelquefois ne signifient rien du tout: Et d'ailleurs, ie croy que luy-mesme, s'il reuenoit au monde, ne sçauroit par la methode qu'il enseigne, faire venir vn Cheual à son but en deux ans. C'est vn temps si ennuyeux, tant pour le Cheual qui se gaste durant vn si long trauail, que pour le Caualier qui se fasche d'auancer si peu, que s'il n'y auoit vn chemin plus court que celuy-là, sans doute les François, qui de leur naturel sont impatiens, s'addonneroient peu à cette science, & ceux qui ont de bons & excellens Cheuaux ne les voudroient pas abandonner entre les mains de gens si tardifs, & des mains desquels ils ne les pourroient retirer que plus de demy vsez, & presque inutils pour le seruice.

Comme j'eus reconnu ces defauts, & que j'estois bien asseuré d'auoir puisé de meilleures choses à vne meilleure source, je creus que ce n'estoit point temerité de les donner au public, & que ie contribuërois quelque chose à l'honneur de mon pays & à l'instruction de la Noblesse, si ie leur faisois part de ce que j'ay appris & souuent pratiqué auec le plus excellent maistre qui ayt jusqu'à present chaussé les esperons, soit pour faire bien conceuoir aux Hommes ses preceptes & sa methode, soit pour estre court & facile en toutes sortes d'inuentions pour faire venir les Cheuaux à ce qu'on desire d'eux, soit pour donner la grace & la politesse à vn Caualier. C'est Monsieur de Pluuinel, duquel on peut dire auec verité qu'il a plus dressé d'Hommes & de Cheuaux que tous ceux qui s'en sont meslez depuis cent ans, & que la France luy a cette obligation, que les Hommes qui sont sortis de ses mains ont estably de si bonnes Escholes, qu'au lieu que nous allions chercher cét Art en Italie, nous le trouuons aujourd'huy en France plus parfait qu'au pays mesme de son origine, & capable d'attirer chez nous les Estrangers, qui ne seroient pas estimez en leur pays, s'ils n'auoient passé par nos Academies.

PREFACE.

Ie ne m'estendray point icy à monstrer comme la methode de Monsieur de Pluuinel excelle pardessus les autres ; c'est vne verité qui se prouue mieux par les effects qui s'en voyent, que par tous les discours qu'on en sçauroit faire: Ie me contenteray d'escrire le plus succinctement qu'il me sera possible, le chemin qu'il faut tenir pour la suiure, selon que ie l'ay veu pratiquer par vn si sçauant maistre, & que ie l'ay souuent pratiquée auec luy. Que si ie ne m'explique pas si bien que la chose le merite, ceux qui ont puisé en la mesme source que moy, m'excuseront, s'il leur plaist, & suppleeront à mon defaut. Pour les autres, ie les tiens incapables de censurer ce que i'en dis, parce que la pluspart d'entr'eux trauaillent plustost par routine, que par vraye connoissance, & qu'il n'a pas encore paru au iour vn homme fait de leur main, qui est, comme ie croy, la vraye pierre de touche pour esprouuer la suffisance d'vn Caualier en cét Art. Car de dresser des Cheuaux, il s'en trouue encore quelques-vns qui y arriuent en quelque sorte; Mais de dresser des hommes, ie n'en ay point remarqué qui le puissent faire que ceux qui sont sortis des mains de feu Monsieur de Pluuinel, ou de ceux qui suiuent sa doctrine.

Ie parleray donc en ce Traité de la nature des Cheuaux, j'entends de la nature qu'il les faut choisir pour en faire quelque chose de bon; car de parler de leurs maladies, tant de gens en ayant escrit deuant moy, ce seroit plustost ennuyer le Lecteur par des redites, que de luy apprendre quelque chose de nouueau. Ie feray voir en suitte la methode qu'il faut tenir pour les rendre capables de paroistre sur la carriere, obeyssans à l'ordre des plus justes proportions de tous les plus beaux airs & des plus agreables maneges. Et finalement, ie donneray à connoistre au Caualier le chemin qu'il doit suiure pour estre fort bien à Cheual, & acquerir la perfection & la grace que cét Art luy doit donner.

PRIVILEGE DV ROY.

OVIS par la grace de Dieu, Roy de France & de Nauarre; A nos amez & feaux Conseillers, les Gens tenans nos Cours de Parlement, Maistre des Requestes ordinaires de nostre Hostel, Baillifs, Seneschaux, Preuosts, leurs Lieutenans & tous autres qu'il appartiendra; Salut. Nostre tres-cher & bien amé *René de Menou, Seigneur de Charnizay*, Nous ayant fait remontrer qu'en l'année 1614. il composa & fit imprimer vn petit Liuret, intitulé *la Pratique du Caualier*, lequel ayant depuis peu reueu & remarqué en iceluy beaucoup de fautes, & vn nombre infiny d'autres dans les diuerses impressions qui en ont esté faites depuis la premiere, ausquelles voulant remedier; & ayant consideré, qu'outre la correction d'icelles, qu'il pouuoit encore augmenter audit Liure plusieurs choses tres-vtiles & necessaires: Ce qu'ayant fait, & desirant le mettre au iour sous le tiltre de *la Pratique du Caualier*, ou *l'Exercice de monter à Cheual*, reueu, corrigé & augmenté par luy mesme, auec les Figures necessaires pour en donner l'intelligence, auquel il a joinct vn petit Traité pour empescher les Duels & bannir les vices qui les causent, s'il nous plaisoit luy accorder nos Lettres à ce necessaires. A CES CAVSES, Nous auons permis & permettons par ces presentes à l'Exposant, d'imprimer ou faire imprimer, vendre ou debiter en tous les lieux de nostre obeïssance, ledit Liure en vn ou plusieurs volumes, en telles marges & tels carracteres, & autant de fois qu'il voudra, durant dix années entieres & accomplies, du iour que ledit Liure sera acheué d'imprimer pour la premiere fois; Et d'autant qne l'intention de l'Exposant est plus estenduë & plus correcte dans ledit Liure, nouuellement reueu, corrigé & augmenté par luy; Nous faisons tres-expresses deffenses à toutes personnes, de quelque qualité ou quelque condition qu'elles soient, d'imprimer ou faire imprimer, non seulement ledit Liure, reueu, corrigé & augmenté; mais encore le premier imprimé en l'an 1614. pour les causes cy-dessus deduites, vendre ny debiter en aucun lieu de nostre obeïssance, sous pretexte d'augmentation, correction, changement de tiltres, fausses marques, ou autrement, en quelque sorte & maniere que se soit, sans le consentement de l'Exposant, ou de ceux qui auront droict de luy, à peine de trois mil liures d'amende, payable par chacun des contreuenans, & appliquables, vn tiers à Nous, vn tiers à l'Hostel Dieu de Paris, & l'autre tiers audit Exposant, de confiscation des Exemplaires contrefaits, & de tous despens, dommages & interests, à condition qu'il sera mis deux Exemplaires dudit Liure en nostre Biblioteque publique, & vn en celle de nostre tres-cher & feal le sieur de Chasteauneuf, Garde des Seaux de France, auāt que de l'exposer en vēte, à peine de nullité des presentes; du contenu desquelles nous voulons que vous fassiez ioüyr plainement & paisiblement l'Exposant ou ceux qui auront son droict, empeschant qu'il ne leur soit fait aucun empeschement. Voulons aussi qu'en mettant au commencement ou à la fin de chaque volume dudit Liure, vn Extraict des presentes, elles soient tenuës pour deuëment signifiées, & que foy y soit adjoustée, & aux coppies collationnées, par l'vn de nos amez & feaux Conseillers & Secretaires, comme à l'Original. MANDONS au premier nostre Huissier ou Sergent sur ce requis, de faire pour l'execution d'icelles tous exploicts necessaires, sans demander autre permission: CAR tel est nostre plaisir, nonobstant Clameur de Haro, Charte Normande, & autres Lettres à ce contraires. DONNE' à Paris le cinquiesme iour d'Aoust, l'an de grace 1650. Et de nostre Regne le huictiesme; Par le Roy en son Conseil, LE BRVN.

Ledit Sieur de CHERNIZAY a cedé & transporté le susdit Priuilege à Guillaume & Iean Baptiste Loyson, ainsi qu'il est porté par l'accord fait entr'eux.

CE LIVRE EST DIVISE' en six Parties.

LA PREMIERE.

TRaicte de la nature des Cheuaux en general & particulier, & les moyens qu'il faut tenir pour leur donner la premiere obeïssance, & les reduire iusques au point de se laisser conduire à l'homme de la main & du talon, ayant pris la cadence des courbettes & terre à terre.

LA SECONDE.

FAit voir ce qu'il faut faire pour rendre le Cheual obeïssant aux plus grandes iustesses.

LA TROISIESME.

PArle des Airs les plus releuez, comme Capreoles, Groupades, Balotades, & vn pas, vn sault, & la methode qu'il faut tenir pour y rendre les Cheuaux biens manians.

LA QVATRIESME.

ENseigne à bien courre la Bague, rompre en lisse, & combattre à Cheual.

LA CINQVIESME.

DEclare quelles sont les emboucheures les plus propres pour les Cheuaux auec les considerations necessaires pour s'en bien seruir.

LA SIXIESME.

ESt vn traité des moyens d'empescher les Duels, & de bannir les Vices qui les causent.

FIGVRE DE LA PREMIERE PARTIE

LA PRATIQVE DV CAVALIER OV L'EXERCICE de monter à Cheual.

PREMIERE PARTIE.

QVI TRAITE DE LA NATVRE DES Cheuaux en general & particulier, & les moyens qu'il faut tenir pour leur donner la premiere obeïssance, & les reduire iusques au point de se laisser conduire à l'homme, de la main & du talon, ayant pris la cadense des courbetes & terre à terre.

De qu'elle sorte de Cheuaux nous auons plus communement en France pour nous seruir.

CHAPITRE PREMIER.

LES François, contre la coustume des autres Nations, se seruent indifferemment de toutes sortes de Cheuaux, & sont curieux d'en faire venir de diuers endroits, & mesmes d'en esleuer dans toutes leurs Prouinces; & ceux desquels ils font estat, viennent d'Espagne (auec difficulté toutesfois.) Il nous en arriue d'Italie, & en peut-on faire venir plus commodément, mais pourtant les vns & les autres se recouurent auec assez de peine, & encores fort peu de bons, les meilleures races estant à present abastardies ou perduës. Des Turcs & des Arabes, il nous en vient si peu, que ie n'en parleray point. Les Barbes nous sont plus frequents que ceux d'Espagne ny d'Italie, en ce qu'ils viennent par mer iusques à Marseille ; & là nous en pouuons auoir tant que nous voulons. Mais ceux des pays estrangers qui nous sont les plus communs, ce sont les Cheuaux d'Allemagne & de Flandres, d'autant que nous auons quantité de Marchands en France qui en trafiquent, de sorte que presque tous les Gentils-hommes & Marchands ne se seruent d'autres pour le trauail que de ceux-là : Tellement que ce sont les plus ordinaires & lesquels nous auons en plus grande abondance. Toutefois mon opinion est, que ceux qui naissent en nos pays sont meilleurs que les vns ny les autres : L'Auuergne & la Gascongne nous en produisent d'excellents, le Lymousin en a aussi de fort bons, le Poictou n'en doit ny à l'vne ny à l'autre Prouince, la Normandie ne leur cede en rien, la Bretagne nous en donne & mesmes quantité de bestes Damble, que nous tenons pour les meilleurs, & la Comté de Bourgongne nous en fournist quelques-vns ; mais ils ne sont si bons que les autres.

De la Nature des Cheuaux en particulier.

CHAPITRE II.

PREMIEREMENT,

Du Cheual d'Espagne.

LE Cheual d'Espagne est d'vn naturel chaud & sec & plein de feu, d'autant qu'il est nourry dans vn pays fort chaud. Les meilleurs & les plus nobles qui nous en viennent, sont d'Andalousie : Ils sont de taille assez deschargez, les jambes fort seiches, nerfueusses & peu pelües, le pied beau & bon, fort peu sujets à maladie, hardis, courageux, de grande force, de bonne haleine, & capables de contenter le Caualier en ce qu'il desirera.

Du Cheual d'Italie.

CHAPITRE III.

LE Cheual d'Italie est communément de plus forte taille que celuy d'Espagne, & vn peu plus chargé de chair, ne differe en rien de toutes ses perfections, & mesmes en ayant dauantage: En ce qu'outre qu'il est capable de tout ce que peut faire l'autre, il est plus propre à trauailler, & ne s'vse pas tant ny si-tost les jambes.

Des Cheuaux Barbes.

CHAPITRE IV.

LEs Barbes sont cheuaux fort deschargez de taille, & fort petits au prix des autres, les jambes fort seiches & desliés, & les pieds beaux & bons, sujets à se serrer, qui n'y prend garde ; La bouche communément fort esgarée & la teste en mauuaise posture, à cause des mords à la genette qu'ils ont portez dans le pays. Ils sont grandement vistes & de longue haleine, laquelle ils reprennent bien plus promptement qu'aucuns autres Cheuaux que nous connoissions, & capables de faire tout ce que le Caualier desirera. Ils sont ordinairement tristes & mornes à la campagne, mais pleins de gentillesse quand on les recherche.

Des Cheuaux d'Allemagne.

CHAPITRE V.

LEs Cheuaux d'Allemagne sont de toute autre taille que ceux cy-dessus, en ce qu'ils sont d'vn corsage fort gros, les jambes fort grosses & peluës, bien qu'elles ne laissent d'estre nerfueuses : Ils sont sujets à plusieurs incommoditez, tant aux yeux (à cause que la pluspart sont chargez de teste) qu'aux jambes, des galles, malandres, soulandres, arestes, mulles & autres choses, & aux pieds qu'ils ont fort humides & gras: La raiſon eſt, qu'ils ſont nez & nourris dans vn pays fort froid & humide; tellement qu'ils tiennent la pluſpart de la nature du lieu. Il s'en trouue bien peu qui ſoient hardis, courageux, n'y qui ayent de la gentilleſſe: mais on s'en ſert pour le trauail, comme j'ay dit cy-deuant, parce qu'ils y durent plus long-temps que les autres; on ne laiſſe pourtant pas d'en trouuer quelques-vns capables de contenter le Caualier, mais ils ne ſont pas ſi communs que les autres.

Des Cheuaux d'Auuergne & de Gaſcongne.

CHAPITRE VI.

LEs Cheuaux d'Auuergne & de Gaſcongne ſont de la meſme taille que les Cheuaux d'Eſpagne, ſinon qu'ils ne ſont pas ſi nobles ny ſi bien proportionnez, & la pluſpart ſont plus hauts montez ſur jambes, leſquelles meſmes ils ont plus foibles. Ils ſont de grande force & pleins de feu, mais ils n'ont pas tant de gentilleſſe & de bon naturel que les autres: au contraire, ils ſont coleres & fort malicieux,

& le plus ſouuent ennemis des hommes & des autres Cheuaux, leſquels vices ils gardent fort volontiers, encores qu'ils ſoient reduits à la raiſon.

Des Cheuaux de Lymouſin.

CHAPITRE VII.

LEs Lymouſins ont accouſtumé de faire leurs haras de Cheuaux d'Eſpagne & d'Italie, & de juments d'Allemagne ou de juments qui naiſſent dans leurs haras, de legere taille, auec vn Cheual d'Allemagne : Si bien que les Cheuaux qui en viennent ſont ordinairement plus chargez de chair que les Cheuaux d'Italie. Ils naiſſent grands & forts, mais ils ſont ſujets aux meſmes incommoditez de maladies que les Cheuaux d'Allemagne, d'autant que le pays eſt humide & fort couuert de bois: Leurs inclinations ſont auſſi d'eſtre vicieux, d'autant qu'ils les retirent fort tard du haras, & ne ſont iamais en leur boute (quand ils ſe doiuent rencontrer bons) qu'ils ne prennent ſept ans.

Des Cheuaux de Poictou.

CHAPITRE VIII.

LEs Poicteuins ſuiuent la methode des Lymouſins en leurs haras, tellement que les Cheuaux en viennent de meſme taille ; mais ils different, en ce que les Lymouſins laiſſent leurs Caualles dans les bois à manger de l'herbe fort humide & mauuaiſe, & ne les font point promener pour leur conſommer cette mauuaiſe humeur qu'elles acquierent à leurs poullains, par ce mauuais pacage, & les Poicteuins nourriſſent fort bien leurs juments de foing & d'auoine, les promenant doucement & ſans efforts ; puis le poullain pouuant manger, ils le retirent de bonne heure, luy faiſant manger force paille fraiſche, & luy tenant les pieds dans leurs eſcuries touſiours ſur le caillou ; Tellement que cette forme de nourriture les affermit de telle ſorte, que ie n'ay point veu de tous les Cheuaux cy-deſſus aucuns plus capables que ceux-cy, pour paruenir à quelque choſe de bon.

Des

Des Cheuaux de Normandie.

CHAPITRE IX.

LEs Cheuaux de Normandie ne se treuuent pas communément de taille si forte que ceux de Poictou, d'autant que les Caualles sont volontiers de Bretagne, qui sont plus trapes que celles d'Allemagne, mais elles sont bien plus vigoureuses : Et pour les Estelons, ils se seruent la plus part de Barbes ou de Cheuaux d'Espagne, qui est la raison qu'ils ne sont pas si forts que les Poicteuins & Lymousins; mais ils ne laissent de se trouuer fort bons, & mesmes il s'y en rencontre peu de mauuais. Ils sont de meilleure nature que les Cheuaux d'Auuergne & ceux de Lymousin, & s'accommodent plus volontiers à la volonté du Caualier. Ils sont fort vigoureux & bons au trauail, & si ne laissent d'estre gentils & legers.

Des Cheuaux de Bretagne.

CHAPITRE X.

LA taille des Cheuaux de Bretagne eſt approchante de celle des Cheuaux d'Allemagne, ſinon qu'ils ſont plus petits & moins chargez de chair; les jambes plus nerfueuſes, plus ſeiches & moins peluës; les pieds meilleurs, plus beaux & plus releuez du talon, la teſte plus ſeiche & moins chargez d'ancollure; Et la raiſon eſt, que la pluſpart de leurs Caualles ſont Angloiſes ou Eſcoſſoiſes, & leurs Eſtelons ſont Cheuaux de Dannemarch ou d'Allemagne, & les choiſiſſent les plus petits qu'ils peuuent, d'autant que les Caualles Angloiſes & Eſcoſſoiſes ſont fort grandes & deſchargées. Ils ſont excellents pour le trauail, hardis & courageux, & ſe trouuent le plus ſouuent legers, vigoureux, & propres à ce qu'on les deſire mettre.

Des Cheuaux du Compté de Bourgongne.

CHAPITRE XI.

LEs Cheuaux du Compté ne ſont pas ſi bons que ceux cy-deſſus, d'autant qu'il n'y a perſonne qui ſoit ſoigneux d'auoir, ny Cavalles propres pour le haras, ny Eſtelons beaux, ny de belle taille. Il n'y a que les Payſans qui font couurir leurs iuments aux premiers Cheuaux qu'ils rencontrent ; ne deſirant autre choſe que d'en auoir pour leur labourage; Si bien que la pluſpart de ceux qui en viennent ſont Cheuaux tous abaſtardis, que l'on retire le plus ſouuent de la charuë pour les amener : Et ſi quelquesfois il s'en trouue aucuns bons, c'eſt peu ſouuent, encores ne ſont-ils iamais de belle ny de forte taille; d'autant que comme j'ay dit, ceux du pays ne ſont curieux, ſinon d'en auoir pour les ſeruir à leur trauail ſeulement.

Il ſe peut donc connoiſtre par ce que j'ay dit cy-deſſus, que nous n'auons que faire d'aller emprunter des Cheuaux à nos voisins, veu que nostre France en est garnie de meilleurs & de plus excellents qu'aucun autre lieu de l'Europe, & s'en garnira encores d'oresnauant dauantage ; d'autant que cy-deuant l'exercice n'estant en vsage parmy la Noblesse, comme il est, & qu'il falloit qu'ils l'allassent chercher iusques au fonds de l'Italie ; D'où encores la plusspart retournoient aussi ignorans qu'ils y estoient allez, & partant incapables de dresser vn Cheual. Cela faisoit qu'ils estoient peu curieux d'en esleuer ; mais maintenant que chacun apres auoir gousté la douceur & la promptitude qui se rencontre en l'escholle de Monsieur de Pluuinel, ou de ceux qui suiuent sa methode, s'en retourne en sa maison auec ce contentement de se sentir pouuoir reduire vn Cheual à la raison en peu de temps, & sans hazard de se blesser, ny d'estropier son Cheual. Cela sera cause que la Noblesse, qui de son naturel est desireuse d'espargner pour despenser honnorablement auprés de son Prince, aymera mieux se rendre soigneux d'esleuer chacun chez soy des Cheuaux pour les accommoder, afin de s'en seruir, que non pas d'estre contraints d'en faire venir d'Espagne & d'Italie à si grands frais; Que pour vn qui leur venoit de ces pays-là, ils en pourront icy auoir dix, peut-estre meilleurs pour le prix. Et pour moy, c'est mon opinion, que nostre France dés à present fourniroit de bons Cheuaux en plus grande quantité naiz dans le pays, que toute l'Espagne & l'Italie ensemble. Ie vous laisse donc à penser quand chacun s'efforcera d'en auoir chez „soy, ce que se pourra estre. Mais lors qu'il „plaira au Roy de rendre son Royaume fertile „en bons Cheuaux; quand sa Majesté me com„mandera, ie luy donneray les moyens pour „faire en sorte que sans qu'il luy en couste, la „France en produira si grand nombre, qu'il y en „aura à suffire, non seulement à ses armées, ar„tillerie, charois, labourage, carrosses, postes „& tous autres seruices: mais encores pour „fournir les Prouinces ausquelles on est con„traint de porter des sommes immenses pour en „auoir, lequel argent demeurera dans l'Estat.

La maniere de choisir vn Cheual qui soit propre pour contenter le Caualier au Manaige, & quelles qualiez il faut qu'il aye.

CHAPITRE XII.

CEux qui ont pratiqué l'Italie, nous font remarquer que les Caualiers de ces pays-là font vne espreuue fort exacte des Cheuaux qu'ils veulent choisir pour le Manaige : Et s'ils n'y treuuent toutes les qualitez que ie diray cy-apres, ils ne veulent pas prendre la peine de les faire trauailler, ains les renuoyent pour estre mis au Carrosse, soit ou qu'ils ne veulent pas se pener apres, ou bien qu'ils doutent de pouuoir les faire reüssir où ils desirent. Premierement, ils veulent vn Cheual de belle taille, beaux pieds & belles jambes, qui puisse fournir aux longues & penibles leçons qu'ils ont de coustume de luy donner, qu'il porte naturellement la teste en bon lieu, sans bransler en aucune sorte, ou pour le moins fort peu ; qu'il aye de la force, de la gentillesse & de la legereté tout ensemble : Et qu'à la premiere fois qu'ils mettent vn homme dessus pour reconnoistre quelle est son humeur, lors qu'il l'anime de la gaule, des talons, de la voix, ou de tous les trois ensemble. S'il se presente de luy-mesme sur les hanches, soit terre, à terre, ou à faire quelques courbettes, sans se deffendre contre le Caualier d'autre sorte que cela : Alors ils entreprennent d'en venir à bout.

Ie serois bien de cét aduis & voudrois que cette coustume fust parmy nous ; car si cela estoit, nous en dresserions par nostre methode plus de douzaines, qu'ils n'en acheuent de pieces ; & par ce moyen acquererions dauantage de reputation. Mais les François, qui de leur naturel veulent que tout aille selon l'ordre de leurs fantaisies, si vn Caualier leur auoit renuoyé quelque Cheual, & donné sentence contre luy pour le mettre au Carrosse, quoy qu'il fust sans force & sans legereté, abandonné sur les espaules, retif & mille autres imperfections ; ils l'accuseroient d'ignorance sans autres considerations, sinon que puis qu'ils desirent que de leur rosse on fist vn bon Cheual, il faudroit qu'il le fust. C'est pourquoy ceux qui se meslent de l'exercice en

France, qui ont voulu ſuiure les maximes anciennes qu'ils auoient eſté puiſer dans les Campagnes de Rome, ſe ſont trouuez court quand ils ont rencontré vn Cheual ayant ſes imperfections, & tellement embarraſſez, qu'ils ont eſté contraints de quitter ou d'auoir recours à noſtre methode ; à laquelle n'eſtant accouſtumez & trauaillant à taſtons, ils ſe ſont encores plus trouuez embroüillez, & de telle ſorte, que cela en a conuié pluſieurs, à fulminer contre, ſans ſçauoir non plus ce qu'ils diſoient que ce qu'ils faiſoient. C'eſt ce qui m'a obligé pour rembarrer leur ignorance, de faire voir au iour que les moyens dont Monſieur du Pluuinel vſe, & deſquels il a obligé la France par ſon inuention, eſtant ſuiuis diſtinctement comme il faut. Non ſeulement vn Cheual de bonne nature peut eſtre dreſſé en fort peu de iours, mais auſſi le plus faſcheux & rebours qui ſe puiſſe rencontrer en moins de temps qu'ils n'y en mettent, à ceux qu'ils choiſiſſent pour auoir le plus de gentilleſſe.

CHAPITRE XIII.

Des moyens qu'il faut tenir pour commencer vn Cheual.

BEaucoup de gens trauaillent en l'exercice des Cheuaux, mais peu sçauēt ce que c'est d'vn Cheual qui est dans la main & dans les talons; Tellement qu'à grande peine, ils luy pourroient mettre; mais auparauant que passer outre, ie diray que cét exercice de la Caualerie est le plus beau, le plus difficile à apprendre, & le plus necessaire pour le corps & pour l'esprit de tous ceux qui se pratiquent pour rendre les hommes parfaits.

Et pour le donner à connoistre tres-clairement, c'est que toutes les Sciences & les Arts que les hommes traitent par raison, ils les apprennent en repos sans aucun tourment, agitation, ny apprehension quelconque, leur estant permis, soit en la presence ou en l'absence de celuy qui les enseigne d'estudier en leur particulier ce que leur Maistre leur aura monstré, sans estre inquietez dequoy que ce soit.

Mais en l'exercice de la Caualerie, il n'en est pas de mesme; d'autant que l'homme ne le peut apprendre qu'en montant sur vn Cheual, duquel il faut qu'il se resolue de souffrir toutes les extrauagances qui se peuuent attendre d'vn animal irraisonnable. Les perils qui se rencontrent parmy la colere, le desespoir & la lascheté de tels animaux joint aux apprehensions d'en ressentir les efforts. Toutes lesquelles choses ne se peuuent vaincre ne esuiter qu'auec la connoissance de la science, la bonté de l'esprit & la solidité du iugement, lequel faut qu'il agisse dans le plus fort de tous ses tourments, auec la mesme promptitude & froideur que fait celuy qui estant dans son cabinet, tasche d'apprendre quelque chose dans vn liure. Tellement que par-là, il se void tres-aysément comme ce bel exercice est vtil à l'esprit, puis qu'il l'instruit & l'accoustume d'executer nettement & auec ordre toutes ses fonctions parmy le tracas, le bruit, l'agitation & la peur continuelle du peril; qui est comme vn acheminement pour le rendre capable de faire ses mesmes operations parmy les armes & au milieu des hazards qui s'y rencontrent; y ayant encores vne chose digne de remarquer pour les grands Roys, Princes & Seigneurs. C'est que la plusspart des hommes, & mesmes ceux qui sont destinez pour leur enseigner la vertu, les flattent le plus souuent. Mais en l'exercice duquel ie parle, si ceux qui auront l'honneur d'enseigner les grands Monarques estoient si lasches de les vouloir flatter, ils auroient la honte qu'vn animal sans raison les accuseroit de faux deuant eux, & par consequent d'infidelité.

Quant à ce qui touche le profit que le corps reçoit aux continuels vsages de ce bel exercice; c'est qu'outre qu'il oblige l'homme à viure reglement & sobrement, il le rend libre en toutes ses parties, le fait esuiter toutes sortes d'exceds & de desbauches, qui pourroient troubler sa santé; sçachant bien estre impossible à celuy qui ressent la moindre incommodité de pouuoir entreprendre ny executer quoy que ce soit à Cheual, de bonne grace, ny autrement.

Quelle taille est la plus aduantageuse pour estre bon homme de Cheual.

CHAPITRE XIV.

LEs hommes de moyenne taille sont les plus propres à cét exercice ; en ce qu'ils sont fermes, legers, libres, les aydes plus iustes & vigoureuses, donnant par ce moyen plus de plaisir au Cheual. Les grands ne sont pas ordinairement fermes, & ne peuuent garder tant de iustesse ; & par consequent le Cheual ne prend pas tant de plaisir à manier sous eux. Car c'est vne maxime, que le Cheual doit prendre plaisir à manier ; autrement le Caualier & luy ne sçauroient rien faire de bonne grace. Les petits hommes sont les plus fermes, mais aussi c'est tout cequ'ils ont ; car leurs aydes ne donnant pas grande crainte quand il est necessaire: Le Cheual ayant ce sentiment ne s'employe pas auec la vigueur requise ; & le plus souuent quand il est besoin de chastiment, il ne le reçoit pas tel qu'il le deuroit. Tellement que trouuant vn Caualier de moyenne taille, auec les qualitez que j'ay dites, il peut atteindre facilement à la perfection de la science.

Quels ornements & habits sont les plus propres pour la bien-seance & pour la commodité de l'homme de Cheual, pour paroistre sur la carrure.

CHAPITRE XV.

SAns l'inconstance de la Nation Françoise, en ce qui cõcerne les habits, lesquels changent à tous moments selon le caprice de ceux qui les seruent, ie ne m'amuserois pas à parler sur ce sujet, ne desirant pas obliger personne à s'habiller autrement qu'à sa fantaisie, d'autant que tout homme de bon iugement cherchera tousiours & treuuera aysément ce qui sera de la bien-seance, & en pratiquant rencontrera sa commodité. Mais d'autant que le long vsage que i'ay en l'exercice duquel ie parle, m'a fait reconnoistre la commodité & l'incommodité qu'il y a dans les habits de diuerses façons, ie conseille à celuy qui y prendra plaisir, de ne porter iamais de chappeau pesant, n'y qui ait le bord trop large, pour éuiter le danger qu'vn Cheual incommode en maniant ne le fasse tomber, ou l'oblige d'y porter la main; lesquelles choses outre la bien-seance qui n'y seroit gardée, embroüillent le Caualier & diuertissent l'esprit de ce qu'il doit, & la main de l'espée ou de la houssine, de faire son office. Il ne faut iamais aussi que le chappeau soit sans plume, estant vn des ornements qui pare dauantage le Caualier. Les juppes roupilles ou collets ont beaucoup meilleure grace à Cheual que les pourpoints. Pour les chausses, il n'y en a point de plus commode ny de plus propre que celles à bande sans bourlet, pourueu qu'elles ne soient ny trop longues ny trop courtes, afin que la cuisse du Caualier se voye & se treuue iuste dans la selle, pour parfaitement faire sentir les aydes à son Cheual. Il faut les bas d'attache de chamois ou de buffetin, à cause de sa douceur contre la cuisse, & le bas à botter iuste, les bottes doiuent estre de cuir aisé & mollet, comme vache desliée ou fort maroquin, les genoüillieres vn peu longues, assez estroites & bien taillées; en sorte que le genoüil soit libre, que la cousture qui les separe soit à droit fil, mais plus haut derriere de trois doigts que pardeuant; parceque la greuë de la jambe en paroiſtra plus longue & plus belle. Il ne faut pas que la tige ſoit courte, afin qu'elle pliſſe vn peu par le bas: Il eſt beſoin que le pied ſoit quarré ou large par le bout, & non pointu; d'autant qu'outre la commodité, il a meilleure grace, empliſſant mieux l'eſtrier, lequel s'en portera plus droit & plus iuſte ſur le pied. Quant aux eſperons, les mieux tournez que i'aye remarqué, ſont ceux que l'on nommoit à la Danville du temps de deffunt Monſieur le Conneſtable de Montmorency, dont la mode continuë encores à preſent. Ie n'approuue point les grandes molettes, mais celles qui ont ſix pointes rondes en forme de quille, chacune d'vn trauers de doigt de long.

Ce qu'il faut neceſſairement que le Caualier acquierre, pour atteindre à la perfection de l'exercice duquel ie parle.

CHAPITRE XVI.

IL y a deux choſes, ſans leſquelles l'homme ne ſe peut dire parfait en cette ſcience. L'vne, qu'il ſoit bel homme à Cheual, & l'autre bon homme de Cheual; Et quoy que ces deux qualitez ſoient differentes, neantmoins le Caualier les doit poſſeder pour exceller en cét Art. Mais d'autant que pluſieurs pourront auoir la curioſité de ſçauoir la difference qu'il y a entre le bel homme de Cheual & le bon homme de Cheual, ie leur diray que ie la fais tres-grande, en ce qu'on peut eſtre bel homme à Cheual, ſans eſtre bon homme de Cheual; comme auſſi on peut eſtre bon homme de Cheual, ſans eſtre bel homme de Cheual: Et pour apprendre cette verité, c'eſt qu'il ſuffit d'eſtre bien placé ſur le Cheual, depuis la teſte iuſques aux pieds, pour ſe faire eſtimer bel homme de Cheual: Et celuy que l'on aura veu en en cette posture, cheminant seulement au pas, se pourra dire beau; Et si il a assez de fermesse pour souffrir vn plus rude mouuement, en gardant sa belle posture, il acquierrera tousjours la reputation de bel homme de Cheual, quand mesmes le Cheual ne feroit rien qui vaille, quoy que bien dressé: Car si l'homme garde tousiours sa bonne posture, on accusera plûtost son Cheual que luy, & n'y aura que les tres-sçauants qui reconnoissent d'où vient la faute; d'autant que la pluspart ne peuuent pas s'imaginer qu'vn homme puisse estre ferme & en bonne posture, sans estre bon homme de Cheual; Comme aussi pour bien faire & acquerir la perfection de la science, il faut commencer, continuer & finir par la bonne posture du Caualier; parce qu'il y a bien plus de plaisir de voir vn bel homme de Cheual ignorant en la science, qu'vn tres-sçauant de mauuaise grace. Mais pour estre parfaitement bon homme de Cheual, faut sçauoir par pratique & par raison, la maniere de dresser toutes sortes de Cheuaux à toutes sortes d'airs & de Manaiges, connoistre leurs forces, leurs inclinations, leurs habitudes, leurs perfections & imperfections,

& leur nature entierement, ſur tout cela faire agir le iugement, pour ſçauoir à quoy le Cheual peut eſtre propre, afin de n'entreprendre ſur luy que ce qu'il pourra executer de bonne grace; & ayant cette connoiſſance, commencer, continuer & acheuer, le Cheual auec la patience & la reſolution, la douceur & la force requiſe pour arriuer à la fin ou le bon homme de Cheual doit aſpirer; leſquelles qualitez ſe rencontrant à vn Caualier, on le pourra veritablement eſtimer bon homme de Cheual. Ie reuiens donc au propos que i'auois quitté, des moyens qu'il faut tenir pour commencer vn Cheual; & diray qu'apres auoir conſideré toutes les voyes donton trauaille, ſoit en Italie ou ailleurs, que noſtre methode eſt la plus briefue & la moins perilleuſe, pource que le Caualier met tout ſon ſoin à eſpargner ſa peine, & conſeruer les jambes de ſon Cheual. Or le Cheual ne ſe pouuant gueres dreſſer, qu'il n'obeyſſe parfaitement à la main & aux talons, il faut par neceſſité qu'il ſe laiſſe conduire par la bride, qu'il ſe range deçà & delà pour les talons, & qu'il ſe leue deuant & derriere à la volonté du Caualier. Lors cela eſtant, ie l'eſtimeray bien dreſſé, & doit manier iuſte ſelon la force & vigueur. Mais il faut encores remarquer vne choſe tres certaine, & dont ie me ſuis touſiours bien treuué, qui eſt de donner les premieres leçons au Cheual, parce qu'il treuue le plus difficile, en recherchant la maniere de luy trauailler la ceruelle plus que les rheins & les jambes, en prenant garde toutefois à ne l'ennuyer ſi faire ſe peut, crainte d'eſtouffer ſa gentilleſſe: Car elle eſt au Cheual comme la fleur ſur les fruits, laquelle oſtée ne retourne iamais. De meſme, ſi la gentilleſſe eſt perduë, on ne la peut redonner que difficilement aux Cheuaux de legere taille & pleins de feu, & point du tout aux Cheuaux d'Allemagne; eſtant vne choſe infaillible que celuy qui ne trauaille auec conſideration, il oſte la gentilleſſe à ſon Cheual, ou le fait tomber dans des vices incorrigibles: Sçachant donc que la plus grande difficulté du Cheual eſt de tourner pour faire de bonnes voltes terre à terre; ie commence le Cheual ignorant par là.

Et pour euiter à toutes ſortes de perils, qu'il pourroit faire coure à vn homme que l'on mettroit deſſus, ſans auoir auparauant iugé de son humeur, il faut le faire sortir auec le filet sans selle; puis apres luy auoir fait mettre vn caueçon de cordes ou de fer; mais ceux de cordes sont meilleurs, en ce-qu'ils ne rompent iamais & ne desesperent pas le Cheual, auquel il faut plustost donner du plaisir au commencement & à la fin, que non pas de luy faire du mal. Car s'il se peut accommoder sans luy faire mal, c'est le meilleur: Ayant le careçon on troussera la corde gauche à l'entour du col du Cheual, & le Caualier prendra la droite; Puis menera le Cheual à l'entour du pillier, & tenant la corde assez longue & ferme, il luy laissera quelque temps arresté pour luy faire connoistre, le carressant de fois à autre pour l'obliger.

En apres, fera suiure le Cheual par quelqu'vn, qui aura vne gaule ou vne chambriere en la main (laquelle chambriere n'est autre chose qu'vne longue courroye de cuir attachée à vn baston de quatre à cinq pieds de long à la fin) de laquelle il animera le Cheual tout doucement pour faire trotter à l'entour dudit pillier; puis apres luy auoir fait reconnoistre, on le pourra presser vn peu dauantage, pour l'obliger de prendre le gallop, ou se presenter de luy-mesme à ce qu'il voudra. Si c'est vn Cheual plein de feu & fort vigoureux, il ne le faudra pas presser, ains le laisser accommoder si faire se peut de luy-mesme, sinon qu'il se voulust deffendre de malice; auquel cas il le faut fort presser de la chambriere, de la gaule & de la voix, iusques à ce qu'il obeysse & qu'il fuye; durant lequel temps le Caualier, qui aura bon iugement, pourra incontinent iuger, sans hazarder vn homme, de quelle nature est le Cheual; en quel temps il fera seur de mettre l'homme dessus, qui sera lors qu'il ira pour la peur & qu'il fuyra; mais il se faut garder d'ennuyer le Cheual, ains desslors qu'il respond à ce que l'on desire ou de trot ou de gallop, il le faut arrester & luy faire force carresses, pour luy donner à connoistre ce que l'on luy demande, & le faire apperceuoir que l'obeyssance & non le long trauail engendre cette carresse.

Il faut noter qu'à ces premiers commencemens, le naturel du Cheual est d'employer le plus souuent toute sa force & son industrie pour se deffendre de l'homme, quand il le peut, comme il luy est tres-aisé, en le trauaillant par vne autre methode que la noſtre.

Apres qu'il aura conneu que c'eſt du pillier, & que l'on luy aura fait apperceuoir qu'il faut fuïr l'aide de l'homme (ce qui ſe fait en fort peu de temps.) Il le faut oſter delà, & le mener attacher entre deux pilliers plantez à neuf ou dix pieds l'vn de l'autre, les deux cordes eſgallement attachées, où s'il y en a vne plus courte, que ce ſoit pluſtoſt la droite, & le Cheual eſtant au milieu, luy laiſſer vn peu de temps pour reconnoiſtre la place où il eſt, & luy faire de fois à autres careſſes, pour l'obliger à ne ſe mettre en colere de ſe voir là attaché ; puis apres le Caualier paſſera derriere, & luy touchera de la gaule du coſté droict en parlant à luy, comme s'il eſtoit dans l'Eſcurie pour le faire tourner, eſtant tourné, il ſe laiſſera conſiderer au Cheual & ne bougera, afin qu'il connoiſſe qu'il faut qu'il ſe tourne pour l'amour de luy; Ayant demeuré-là quelque peu, il paſſera de l'autre coſté, luy touchant encores par derriere en parlant à luy, & ainſi le fera obeyr par cinq ou ſix fois; Et ſi le Cheual faiſoit quelque difficulté d'obeyr & de ſe tourner à la volonté de l'homme, il luy fera donner de la chambriere, du costé mesme qu'il refusera; Et encores s'il refuse d'obeyr par cette voye, on peut le détacher & prendre la reinne droite, & en luy tirant la teste à main droite, luy donner de la gaule au flanc; & ainsi malgré qu'il en ait, le Cheual fuïra la gaule sans trop le trauailler & sans trop le tourmenter. Toutesfois si le Cheual estoit vicieux, & qu'il voulust frapper l'homme du pied de deuant, & se ietter sur luy, il luy faudra mettre des lunettes, & luy faire obeyr auec.

Le Caualier remarquera qu'en cette leçon, il aura fait diuers effects: Le premier reconnu, à quoy son Cheual est capable, & de quelle humeur il est, sans hazarder l'homme, luy aura appris à fuïr la gaule ou la chambriere à l'entour du pillier; à aller de trot & de gallop, selon qu'il sera pressé; à se chastier luy-mesme, s'il se vouloit transporter hors de là, plus à temps, mieux à propos, & plus ferme, que celuy que luy pourroit donner vn homme qui seroit dessus, empesche à se tenir, & apprehendant le hazard dudit Cheual fantasque, en ce qu'vn pillier est plus fort que le bras d'vn homme; il aura encores appris à fuïr la gaule de pas, tant deçà que delà. Toutes lesquelles choses ne se font pas en peu de temps, sans cette methode, par laquelle il se void que les plus grands perils qui se puissent rencontrer dans cét exercice sont esuitez; d'autant que les plus dangereuses leçons pour les hommes & pour les Cheuaux, sont les premiers ausquels il les faut faire venir d'vne extremité à l'autre, qui est de la liberté à l'obeyssance & à la subiection ; & encores à l'incommodité de porter la selle, la bride, & l'homme: Desquelles choses toutes sortes de Cheuaux se deffendent ou plus ou moins selon leur nature, leur force & vigueur; Tellement que suiuant ces premiers mouuemens, & les faisant obeyr aux leçons cy-dessus, il n'y a nul doute qu'obeyssant en vn point, ils obeyront à tout, si leur force le permet, & si le Caualier de bon iugement se sçait seruir des occasions.

Ayant conduit le Cheual à ce point, & auparauant que mettre l'homme dessus, ie desire qu'il execute volontairement & auec facilité les leçons cy-dessus, auec la selle & la bride: Ce qu'il peut en peu de temps, pourueu que celuy qui le fera trauailler aye bon esprit, bon iugement,

iugement, & y procede de bonne sorte : Car il arriue quelquefois que faute de ces deux choses bien ajustées, on gaste le plus souuent le Cheual, & met-on l'homme au hazard ; ce qu'il faut esuiter de tout son possible. C'est pourquoy ie desire qu'il obeysse aux leçons cy-dessus selon sa puissance, auec la selle & la bride seulement ; & si ie veux que les estriers soient abbatus pour deux raisons : Principalement, pour les Cheuaux sensibles. La premiere, afin que les estriers en battant contre le ventre du Cheual, le fasse apperceuoir qu'il n'en reçoit point de mal, & l'accoustume à souffrir que quelque chose luy touche. L'autre raison est, que cela luy donne occasion de tenir la queuë ferme, plustost que de la remuer : A quoy il est necessaire de prendre bien garde, d'autant que c'est vne des plus desagreable & messeantes actions que le Cheual puisse faire en maniant.

Le moyen & l'action que doit tenir l'homme pour monter sur son Cheual, quand il iuge estre temps.

CHAPITRE XVII.

PLusieurs qui ont appris à monter à Cheual, lesquels peut-estre ne sçauent pas les choses necessaires qu'il faut obseruer auparauant, seront peut-estre bien aise de les remarquer icy. Pour cét effect, i'aduertis le Caualier qu'il ne faut iamais approcher d'vn Cheual sans soupçon. C'est pourquoy celuy qui luy amenera son Cheual pour monter dessus, le doit prendre du costé droit auec la main gauche, & les rennes estant sur le col, le conduire en cette sorte pour deux raisons. La premiere, que le tenant en cette maniere, il oblige tousiours le Cheual à porter la teste à main droite: Et l'autre, qu'il faut que celuy qui tient le Cheual à son Maistre soit tousiours de ce costé pour luy tenir l'estrieux, & empescher que le Cheual gaillard ou vicieux ne donnast de la dent au Caualier, lors qu'il monteroit sur luy.

Le Cheual estant donc tenu en cette sorte, lors que le Caualier en approchera, il prendra garde que ce ne soit pas tout droit par deuant, crainte que le Cheual ou fascheux, ou gaillard, le frappast d'vn ou des deux pieds de deuant. Il ne faut pas aussi que ce soit par derriere, de peur du mesme accident: Il faut que ce soit du costé gauche, vn peu plus deuant que derriere, & vis à vis de l'espaule; où estant, auant que mettre le pied en l'estrieux, le Caualier iettera l'œil sur la bride, pour voir si elle est bien placée dans la bouche, vn peu au dessus des crochets, si la gromette n'est point entorse ou trop lasche ou trop ferme; puis considerera les sangles & le reste du harnois, si le tout est bien: Car puisque la vie despend de ces choses, il est tres-raisonnable d'y regarder de prés ce qui se fait presque en vn moment, quand on y est accoustumé; & lors ayant reconnu tout en bon estat du mesme endroit, proche de l'espaule gauche, le Caualier prendra les deux rennes de la main gauche, & le pommeau de la selle; puis ayant mis le pied en l'estrieux, s'appuyera de la main droite sur l'arson de derriere, & se placera dans la selle; mais s'il est possible, il faut que le Caualier s'accouftume à faire cette action fi legerement, que le Cheual le fente fort peu, & n'en reçoiue ny apprehenfion ny incommodité ; puis ayant bien ajufté les rennes en fa main, il pourra faire ce qu'il luy plaira. Mais auparauant que le Cheual commence à marcher, il faut que le Caualier prenne garde de fe mettre en la belle & bonne pofture requife pour fe faire eftimer bel homme de Cheual ; qui eft qu'eftant dans la felle, il fe doit laiffer tomber dans le fonds, puis ajufter fes eftrieux à ce point-là : Car ie n'entends pas que le Caualier foit affis fur l'arfon de derriere ; mais au contraire, qu'il fe pouffe le plus qu'il pourra fur celuy de deuant ; d'autant qu'eftant affis fur celuy de derriere, il en arriue plufieurs mauuais effects : Le premier, que l'on voit l'homme du tout racourcy & de mauuaife pofture dans la felle, que la cuiffe n'eft pas dans fa place ; & par confequent, le temps qui prouient d'elle eft perdu, d'autant que l'ayde de la cuiffe eft celle qu'vn Cheual acheué prend le mieux, & qui fait le Caualier plus poly. De plus, il n'eft pas fi ferme, en ce qu'vn Cheual incommode, quand il manie, fait voir le iour entre les cuifses ; ce qui ne seroit pas, estant bien enfoncé en la selle. Il faut aussi que la jambe soit bien estenduë le plus prés du Cheual que faire se pourra, afin que les aydes en soient plus proches & le chastiment au besoin plus prompt : Que le pied soit bien tourné & le talon bas, le bout du pied proche de l'espaule, regardant le nez du Cheual, le corps droit, l'espaule droite, plus auancée que la gauche, & le contrepoids du corps vn peu plus en arriere ; à ce que la charge estant plus sur le derriere que sur les espaules, oblige le Cheual à se mettre plustost sur les hanches, & fasse que le Cavalier ne se sente pas tant incommodé si son Cheual venoit à se deffendre de lesquine ; Estant vne chose, qu'il faut que le Caualier obserue tousiours & à toute heure d'auoir le dos en arriere, soit en arrestant de pas, de trot, de gallop, à toute bride, ou à quelque autre air que ce soit : Le bien qui en arriue est, qu'en faisant de la sorte, l'homme en a bien meilleure grace, & le Cheual y sent de la commodité, pour mettre plus facilement les hanches basses, à cause des poids que le Caualier met par cette action sur les reins du Cheual : L'inconuenient qui en arriue faisant le contraire est, que le Caualier a tres-mauuaise grace d'arrester son Cheual court, & pancher sa teste prés du crain, & son estomach prés du pommeau de la selle : Auquel temps, si le Cheual faisoit quelques tours d'esquine (comme cela arriue souuent aux Cheuaux de force) il incommoderoit fort le Caualier, & luy feroit perdre sa bonne posture.

Le Caualier estant donc placé en cette sorte, il doit conduire son Cheual au mesme pillier où premierement il luy a donné leçon, sans estre dessus; puis s'estant fait prendre la corde, il se fera suiure par quelqu'vn qui aura vne gaule ou vne châbriere en la main, si tant est que le Cheual en aye de besoin, sinon il le conduira luy-mesme & taschera à le faire trotter & galopper; & si le Cheual est leger & gentil, & que l'homme l'anime doucement, tant de la voix, de la gaule, que du gras de la jambe, ayant le contrepoids du corps en bon lieu, & le laissant accommoder sans le presser, sans doute il se presentera à prendre la cadence terre à terre. Que si le Caualier en peut tirer quelque tant soit peu, par surprise ou autrement, il doit arrester & le fort carresser, pour luy faire connoistre ce qu'il desire de luy. Si aussi le Cheual se deffendoit, il faudroit le faire suiure auec la chambriere; & lors qu'on luy donneroit le coup de chambriere, il seroit besoin que l'homme qui est dessus luy donnast en mesme temps de la gaule & de la voix tout ensemble, pour luy faire iuger que cela vient de celuy qui est dessus. Bref, le Caualier de bon iugement taschera de le faire obeyr plustost par douceur que par force.

Lors qu'il aura obey à l'entour du pillier, il l'ostera delà & le fera attacher, sans descendre entre les deux pilliers dont i'ay cy-deuant parlé; de la mesme sorte que j'ay dite; puis s'il iuge que le Cheual ne se doiue ietter ny çà ny là, pour luy faire mal, il approchera doucement la gaule sous sa botte droite, & taschera d'obliger le Cheual auec le plus de douceur qu'il pourra de la fuyr.

Mais il faut bien prendre garde à le trauailler le plus doucement que l'on pourra, afin de l'accoustumer à souffrir en obeyssant, & à vaincre sa colere, laquelle le saisit plus volontiers, se voyant ne pouuoir eschapper, ny aller auant ny arriere, ny tourner à gauche ny à droit; & où le Cheual ne voudroit obeyr (ce qui se trouue en fort peu) on pourra le ramener autour du pillier, racoursir la corde du caueſſon, & luy tenant la teste proche du pillier, le fera cheminer des hanches tout doucement, auec le manche de la gaule ou celuy de la châbriere : car en cas de refus, il connoiſtra bien pluſtoſt ce que l'on luy demande au premier lieu où il eſtoit plus libre, que dans cette grande contrainte: Cela fait & ayant obey, il deſcendra, & apres l'auoir fort carreſſé, le renuoyera au logis.

Du moyen qu'il faut tenir apres que le Cheual a obey à cette leçon.

CHAPITRE XVIII.

APres que le Cheual eſt aſſeuré de trot & de gallop, & meſme qu'il ſe preſente à prendre la cadence terre à terre, le Caualier luy entretiendra le plus qu'il pourra, & meſmes luy conuiera auec toute ſorte de douces aydes, tant de la voix, de la gaule, que du gras des jambes, & l'obligera le plus qu'il luy ſera poſſible, quelquefois par douceur, quelquefois en raffermiſ-

ſant

ſant ſes aydes, & luy faiſant peur, à ſe mettre à la meſure qu'il deſire, & s'y aſſeurer.

Que ſi toutes ſes voyes ne le pouuoient obliger à s'accommoder, il faut que cela vienne de deux deffauts: Si le Cheual eſt leger, qu'il ſoit deſvny naturellement, car s'il eſt leger & vny, infailliblement les aydes cy-deſſus dites le feront preſenter à ce que l'on deſire, ou bien il faut qu'il ſoit peſant, & abandonné ſur les eſpaules; auquel cas, s'il eſt leger & deſvny, il ſera beſoin que le Caualier à l'entour du meſme pillier, taſche de le faire leuer deuant vne fois, ce qu'il pourra faire, s'il eſt leger; puis apres cheminer deux pas en auant, & leuer encores vne fois, allant cheminant & leuant ainſi ſans ennuyer le Cheual ſi faire ſe peut, & ayant obey à l'entour du pillier, il le renuoyera, où s'il n'eſt trop trauaillé, le menera attacher aux meſmes deux pilliers, & luy fera fuïr tout doucement le talon, qui ſera ſecouru de la gaule, afin de donner à entendre au Cheual, en approchant la gaule & le talon, enſemble que le talon eſt la meſme choſe que la gaule, à laquelle il a cy-deuant obey.

Ayant contenté le Caualier, il doit deſcendre, puis apres luy auoir fait carreſſes, il doit tout doucement leuer deuant auec la gaule, afin de taſcher par cette voye douce à le faire leuer; s'il refuſe, il y aura derriere vn homme auec la chambriere en la main, de laquelle il luy donnera, & apres luy en auoir donné, celuy qui l'ayde leuera encores deuant auec la gaule, & ainſi faiſant, le Cheual ne manquera pas de ſe leuer deuant, & lors qu'il aura obey à cela, il le faudra enuoyer, & le lendemain luy faire encores la meſme leçon, iuſques à ce qu'il obeïſſe, & qu'il ſe leue facilement deuant.

Lors que l'on verra qu'il reſpondra facilement deuant, il faudra doucement toucher de la gaule derriere, pour l'obliger de ruer, ou à tout le moins de leuer le derriere, & lors qu'il fera cela ſans perſonne deſſus, il luy faudra accouſtumer à faire la meſme choſe ſous l'homme; & y eſtant accouſtumé, pour peu qu'il ſoit, ſouſtenu de la main, & que l'on luy monſtre la gaule derriere, il pourra par ce moyen peu à peu s'vnir, & vſant ſouuent de cette leçon, il s'accommodera, ou terre à terre, ou à courbette, ou à balotade, ou à capriolles, qui eſt tout vn, pourueu que le Cheual prenne vne cadence ; car s'il eſt d'vne ſi gaillarde humeur, qu'il ſe vueille leuer ou à balotades ou à capriolles, & que pourtant on connoiſſe ſa force n'eſtre ſuffiſante pour y fournir, il ne le faut toutesfois pas chaſtier de cela, ains au contraire l'entretenir en cette humeur, d'autant qu'il en reüſſira de bons effects, en ce que cela luy donnera de l'appuy en la main, le rendra tousjours plus leger & en haleine, & l'empeſchera de ſe deffendre d'autres malices, en luy faiſant prendre plaiſir d'employer ſa force, car puis apres s'il ſe reſſent n'auoir les reins aſſez bons pour continuer cette premiere boutade, il ſe rabaiſſera bien de luy-meſme, ſoit à courbette, ſoit terre à terre, deſquels airs il ira bien plus legerement qu'il n'euſt fait, ſi on luy euſt voulu reſtraindre, & le forcer en le chaſtiant de ſes gayetez; car c'eſt vne maxime infaillible, que pour qu'vn Cheual manie de bonne grace, il faut l'obliger de prendre ſon air luy-meſme, & non le forcer de ce faire, mais bien le faut-il contraindre de l'entretenir lors qu'il l'a pris, ſi tant eſt qu'il s'en vouluſt deffendre.

Voila donc le moyen d'vnir vn Cheual naturellement deſvny, la methode de luy faire prendre le bransle & le commencement de le mettre sur les hanches, & s'il est abandonné sur les espaules (comme i'ay dit cy-deuant) cette mesme leçon fera vn bon effect.

Pour commencer à mettre vn Cheual dans la main.

CHAPITRE XIX.

COmme vous aurez reconnu que moyennant les leçons cy-dessus, vostre Cheual vous obey pour aller en auant, pour arrester, pour aller en arriere de pas, pour fuyr la gaule & le talon de pas, & qu'auec tout cela il se leue deuant & se presente sur les hanches, il faut encores luy continuer quelques iours la mesme leçon, pour tousiours l'asseurer dauantage à la cadence qu'il aura prise, & en luy continuant, il se faut tout doucement seruir de la main, soit en la tournant, soit en la retenant, que le Cheual la sente, que le Caualier connoisse qu'il s'y appuye, & qu'il s'y laisse conduire, & quand il sent qu'il endure la main & qu'il s'y laisse mener, alors il doit prendre la corde du cauecon,

& s'en aller le long d'vne muraille ; S'il peut en trouuer vne, & si à ladite muraille il s'y rencontre deux encoigneures à douze ou quinze pas l'vne de l'autre, il tournera au dedans de la muraille, d'vn costé à main droicte, & de l'autre à main gauche, de pas: Premierement, en se seruant du caueçon ou de la renne droite tout doucement, à ce que le Cheual aye tousiours la teste à main droite, puis apres de trot & peu à peu l'animant, il taschera de le faire accommoder au galop & de luy faire prendre les demies voltes de costé & d'autre, de la mesme cadence qu'il a desia prise à l'entour du pillier, & s'il ne vouloit obeyr, & qu'il se deffendist de la main, il faut promptement faire reprendre la corde à l'entour du pillier & à la main qui ne veut obeïr le pousser determinement, & luy donner des deux talons ou de celuy sur lequel il se iette, & se seruir fort de la main, & ainsi continuant cette leçon, le Cheual peu à peu s'accommodera, sans donner peine au Caualier, & endurera la main, se laissant conduire deçà & delà à la volonté de l'homme ; & alors qu'il aura obey, s'il vous a fort contenté, le faudra renuoyer au logis, sinon le promener de pas à vne main & à l'autre, se seruant fort de la main, & le faisant aller de costé à vne main, & à l'autre, pour luy apprendre l'obeyssance du talon, principalement du droict; d'autant que naturellement les Cheuaux se iettent plus sur le droict que sur le gauche, & lors qu'il aura obey de pas à la main & au talon, il le faut attacher entre les deux pilliers cy-dessus nommez, & luy faire encores fuyr tout doucement les talons, le retenant & sentant tousiours dans la main, sans le laisser abandõner sur les cordes du caueßon; puis s'aneruant dans la selle & se targant sur les estrieux en prenant le bout des rennes, le leuer deuant & tascher de luy faire faire des courbettes, en le sentant dans la main tousiours comme i'ay dit; & s'il n'accompagne, il faut luy ayder tout doucement derriere de la gaule & faire cette leçon, iusques à ce que le Caualier sente tous les temps dans sa main.

Seconde Leçon pour tousiours auancer le Cheual, pour le mettre dans la main.

CHAPITRE XX.

COmme le Caualier sentira que son Cheual se laisse conduire à l'entour du pillier, & qu'il se delibere terre à terre, se resoluant à cette cadence, & qu'entre les deux pilliers il fait quelque courbette dans sa main, ou sans ayde de la gaule, ou auec l'ayde de derriere; il doit le leuer à l'entour du pillier de l'air qu'il se presente, en le sentant tousiours dans la main, luy faire faire la quantité de courbettes qu'il iugera à propos, continuant & reïterant cela par plusieurs reprises, puis l'attacher encores entre les deux pilliers, & les cordes estant vn peu lasches luy faire obeyr aux talons de pas, & apres le leuer, en le sentant tousiours, le descendre & l'enuoyer, & ainsi continuer cette leçon iusques à ce que le Cheual soit asseuré de sa cadence, & le Caualier le sente dans sa main.

Comme il faut mettre vn Cheual dans le talon.

CHAPITRE XXI.

LOrs que le Cheual eſt aſſeuré de ſa cadence, qu'il ſe laiſſe conduire & retenir, il faut encores pour le rendre capable de quelque choſe de meilleur, qu'il obeyſſe au talon, auſſi bien qu'à la main, qu'il ſouffre le chaſtiment ſans colere & qu'il endure les aydes, pour le pouuoir conduire tant des épaules que des hanches, à la diſcretion du Caualier, d'autant que s'il n'enduroit l'ayde du talon à tous les coups, les hanches demeureroient en arriere, ſans moyen de les pouuoir faire cheminer à la fantaiſie de l'homme, pource que c'eſt le talon qui conduit les hanches, & la main les eſpaules.

Pour donc commencer à faire ſouffrir le Cheual, eſtant comme j'ay dit, bien aſſeuré de ſa cadence, il le faut mettre touſiours au commencement de ſa leçon, au pillier ſeul, & le faire aller ſur les voltes de ſon air, & lors qu'il eſt en train, taſcher tout doucement à le pinſer le plus delicatement que faire ſe pourra, ou d'vn talon ou de l'autre, ſelon le beſoin ou de tous les deux enſemble, vn temps ou deux ſeulement : S'il le ſouffre, faut l'arreſter & luy faire carreſſe ; s'il ne le ſouffre, arreſter cette ayde & acheuer la volte ſans luy toucher, de peur du deſordre, puis l'attacher entre les deux pilliers, les cordes vn peu courtes, & en le leuant le pinſer tout doucement, & s'il ſe detraque de ſa meſure, faiſant deſordre, le redreſſer tout doucement derriere auec la gaule, & en luy aydant, que celuy qui eſt deſſus le pinſe delicatement, afin qu'il remarque qu'il faut qu'il reſponde à l'ayde du talon, comme à celle de la gaule : & ſi le Caualier qui eſt deſſus le Cheual & celuy qui luy aydera de la gaule derriere s'entendent, ils auront bien-toſt accouſtumé le Cheual, ſoit par ſurpriſe, ſoit autrement, à prendre l'ayde du talon, comme celuy de la gaule.

Seconde Leçon pour mettre vn Cheual dans le talon.

CHAPITRE XXII.

LE Cheual s'estant apperceu de cette ayde, la souffrant & y respondant, il luy faudra continuer quelques iours auant que luy demander autre chose, le faisant à la fin de sa leçon fuyr les talons entre les deux pilliers, de pas, deçà & delà, puis en vne place le leuer, le sentant dans la main & dans les deux talons esgalement; ce que le Cheual sçachant, il faut apres l'auoir fait aller sur les voltes à l'entour du pillier, pour tousiours l'asseurer en son air (s'il ne l'estoit assez) le remettre entre les deux pilliers & là, apres l'auoir fait aller de costé, deçà & delà, commencer du talon droit à l'ayder de costé, à courbettes, & luy en faire faire vne ou deux, puis acheuer le pas & le carresser fort, afin de luy faire connoistre que ce qu'il a fait par vn long-temps de pas, il faut qu'il le fasse de son air: C'est dequoy le Cheual s'apperceura bien-tost, si le Caualier entend bien prendre son temps, & lors que le Cheual se sera apperceu de cela, on luy en pourra faire faire dauantage: Tellement que peu à peu continuant cette leçon en peu de iours, les hanches du Cheual chemineront de costé, reprenant deçà & delà par l'ayde du talon, & les espaules demeureront en vne place, le Caualier tenant la main ferme & y sentant tous les temps.

Pour mettre vn Cheual dans la main & dans le talon tout ensemble.

CHAPITRE XXIII.

LE Caualier ressentant son Cheual dans la main & y remarquant tous les temps de ses courbettes & dans ses talons, les prenant pour aller en auant ou pour aller deçà & delà, ainsi qu'il approche ou l'vn ou l'autre: Il est de besoin qu'il fasse en sorte que son Cheual soit dans sa main & dans ses talons tout ensemble; ce qu'il peut faire en cette sorte.

Qui est qu'apres auoir fait aller son Cheual sur les voltes, il faut qu'il mette la teste contre le pillier où il l'aura fait aller, & qu'il le fasse aller de costé, des espaules & des hanches tout ensemble, faisant toutesfois cheminer les espaules vn peu deuant, à ce que le Cheual y treuue plus de facilité pour le commencement, puis apres luy auoir fait reconnoistre de pas, le leuer de son air & l'aider des deux talons, pour le porter en auant plus fort de celuy duquel on le chasse pour le faire obeyr; sçauoir est, le soustenir seulement de celuy opposite, que l'on le chasse & le pinser, ou presser fort le gras de la jambe de celuy que vous voulez qu'il fuye, & ainsi continuant tant d'vn talon que de l'autre, faisant tousiours cheminer la main, sans doute en peu de iours il sera dans la main & dans les talons; mais il faut pourtant en luy donnant ces leçons-là, l'attacher quelquefois entre les deux pilliers, auant que de le descendre, pour tousjours l'entretenir en plus grande obeyssance, & quelquesfois le descendre apres l'auoir fait aller sous le bouton en vne place, pour luy continuer sa cadence.

Mais le Caualier iudicieux considerera soigneusement d'espargner le plus qu'il pourra la rigueur des esperons, se seruant de la vigueur des jambes, des cuisses, des contrepoids du corps, de l'ayde de la gaule, voire du corps, afin d'espargner le ventre du Cheual & la bouche, & ne les endurcir ny l'vn ny l'autre, car si les Cheuaux ne manioient par autres aydes que par les coups d'esperons & par la force de la main, ie quitterois l'exercice de la caualerie, n'y ayant nul plaisir de faire manier vn Cheual par la seule force des esperons & par la rudesse de la main, parce que iamais l'homme n'aura bonne grace tant qu'il sera contraint de battre son Cheual, & iamais le Cheual ne sera plaisant à regarder en son manege, s'il ne prend plaisir à toutes les actions qu'il fera : C'est pourquoy il se faut seruir de la gaule selon qu'on le juge à propos, pour donner connoissance au Cheual des talons, en ce que le mouuement du bras & la veuë que le Cheual à d'elle, l'oblige à obeyr plustost pour la peur qu'autrement, joint qu'à toutes les fois qu'il faut qu'il l'a sente estant à l'endroit du talon, cela le prepare apres à les souffrir.

Contre ceux qui blasment l'vsage des Pilllers.

CHAPITRE XXIV.

PLusieurs sortes de gens se meslent de censurer beaucoup de choses, desquelles si on leur demandoit en conscience les raisons, ils n'en pourroient dire aucune valable, mais ils allegueroient l'ordinaire, qui est que deuant les ignorans il n'est que de trouuer à redire sur tout, afin de faire estimer qu'ils feroient beaucoup mieux s'ils vouloient en prendre la peine, & principalement en l'exercice dont ie parle, ou chacun pense en sçauoir sa prouision, ou pour le moins le veut faire croire: car il me semble que ie ne voy autre chose que discourir des moyens qu'il faut tenir pour dresser les Cheuaux, blasmer les opinions de tous ces bons peres qui ont trauaillé deuant nous, disant qu'ils estoient trop grossiers en leur methode, & qu'ils n'auoient pas la delicatesse ny l'inuẽtion de faire faire aux Cheuaux, ce qu'ils font aujourd'huy, blasphemant apres contre Monsieur de la Brouë (vn des premiers hommes, certes qui ait regné de son temps) l'accusant d'estre trop long & trop exact à la recherche de toutes ces iustesses, & non contents de tout cela, fulminent encores plus aigrement contre Monsieur du Pluuinel, & contre ceux qui suiuent sa doctrine, disant que tout nostre moyen n'est que les pilliers, & que ce sont des estrapades qui gastent autant de Cheuaux que l'on y en met; que hors delà ils ne font chose du monde, & qu'il faut tousiours porter des pilliers auec nous & des lieux reserrez pour faire manier nos Cheuaux, autrement nous ne pourrons faire rien de bon, n'ayant nulle autre inuention que celle-là; Mais il est tres-certain que ceux qui chantent ce langage ne sont pas les plus sçauants; car s'il leur plaisoit de mettre le cul sur la selle, ils feroient iuger à ceux qui croyent vne partie de leurs dires (bien que peu entendus en la science) le peu de raison qu'ils ont de parler & leur peu de iugement, en ce que l'on les verroit si mal placez dans la selle & taster vn Cheual de si mauuaise grace, que l'on ne rechercheroit autre tesmoignage de leur insuffisance; Mais pource que ie voy plusieurs galands hommes se laisser perſuader aux charlatanneries de ces diſcoureurs, qui n'eſtallent leurs paroles à autre fin que pour attirer à eux ceux qui s'y voudront laiſſer aller, les repaiſſant de grande quantité de langage & de peu d'effect, diſant qu'il paroiſt bien que ceux qui ſuiuent noſtre chemin ne ſçauent ce qu'ils font, veu que pas vn n'en a encores rendu raiſon : mais les pauures gens ne conſiderent pas que toutes les ſciences & les arts qui conſiſtent en action, la meilleure raiſon qu'on en puiſſe donner eſt la demonſtration, & faire voir l'effect de ce qu'eux ne font que babiller; Toutefois pour montrer qu'ils n'entendent pas ce qu'ils diſent, ny quelquefois ce qu'ils font, que nous ſçauons auſſi bien les methodes qu'ils ſuiuent comme eux, ſi nous en voulons vſer, & qu'eſtans hommes raiſonnables, ayant la connoiſſance du vray & du faux, nature nous enſeigne à choiſir touſiours le meilleur : Ie leur veux faire voir au moins de paroles qu'il me ſera poſſible, que nous ſçauons bien rendre raiſon de ce que nous faiſons, quand il nous vient à gré, & faire remarquer à tous que c'eſt vne imprudence bien grande & vne ignorance parfaite, de blaſmer ce que l'on n'entend pas.

Neantmoins

Neantmoins ie ne laiſſeray pas de dire qu'il n'y a rien de ſi certain que les Cheuaux, qui ſont bien obeyſſans aux pilliers & aux leçons precedentes, le ſont encores dauantage hors de cette ſugeſſion, & manient plus gayement hors des pilliers, choſe qui ſe croiroit peu facilement, qui ne l'auroit pratiqué : Mais auſſi il eſt tres neceſſaire de ſe bien ſeruir de cette methode, autrement il y auroit peril ; qu'au lieu de rendre le Cheual au point où on le deſire, que le contraire n'arriuaſt, faute de l'intelligence parfaite, requiſe en l'execution des precedentes leçons : C'eſt pourquoy ie conſeille charitablement ceux qui ignorent l'vſage de nos moyens, de les apprendre, ou de ne s'en ſeruir pas, crainte de tomber en mille accidens ineuitables, ou l'ignorance de noſtre pratique les pourroit conduire.

Les facilitez que le Caualier & le Cheual retirent de l'vsage des Pilliers.

CHAPITRE XXV.

PAR les leçons que i'ay cy-deuant données, le Caualier de bon jugement à peu connoistre le profit qu'il retire de cét vsage; mais pour plus facilement le donner à entendre, ie dis que toutes sortes de Cheuaux se peuuent metre au pillier sans hazard, & qu'en tous il en peut reüssir de bons effects, le colère impatient & plein de meschanceté, le leger, gentil & de bonne nature, le lasche & paresseux, le pesant & malicieux, le desesperé de bouche; Bref, il n'y en a point qui n'y reüssisse, pourueu que le Caualier soit sage & discret, & qu'il trauaille auec jugement & patience, ayant tout son soin de faire connoistre au Cheual ce qu'il veut de luy, & sur tout faire qu'il luy obeysse, ou de façon ou d'autre; car c'est vne maxime infaillible, que si le Cheual obeyt à l'homme à vn point, il obeyra en tout, si la force luy permet, & si le Caualier de bon jugement se sçait seruir des occasions.

Du colere impatient & meschant tout ensemble.

CHAPITRE XXVI.

SI vn Cheual de cette humeur, qui presque ne veut souffrir l'homme sur luy qu'auec impatience extréme, point endurer la bride ny caueçon, encores moins la gaule & les talons: Il n'y a personne qui me puisse faire croire, que mettant vn homme dessus à la campagne, ou dans vn lieu fermé de murailles, pour le trotter & galopper, qu'il ne luy fasse courre fortune de se blesser, pource que le Cheual ne sçachant aller ny auant ny arriere, si l'homme qui est dessus luy veut obliger de la voix, de la gaule ou des talons: Il est à craindre qu'en faisant quelque coup de desespere il ne tombe ou se renuerse, comme il s'en voit bien quelques-vns de cette humeur; & quand il ne prendra ces extrémes meschancetez, il se pourra neantmoins deffendre de mille tours d'esquine, & de contre-temps, se jettant deçà & delà pour incommoder son homme, qui en effet aura presque assez de peine pour se tenir, & par consequent ne le pouuant chastier si bien qu'il le desireroit, estant empesché ailleurs, & le Cheual sentant que le chastiment que l'on luy donne n'est pas iustement au temps de sa faute, & que nonobstant iceluy il ne laisse pas de se transporter vne partie où il veut, n'estant retenu que de la main de l'homme, qui n'est pas assez fort pour cela: Il n'y a nul doute que si c'est vn Cheual vigoureux & malicieux, le Caualier aura beau aller de pas, trotter, galopper & exercer sa patience à endurer toutes les vilanies de son Cheual; premierement, que de l'obliger de se laisser conduire à luy & à souffrir la main & le talon, & se trouuera Cheual de cette nature, qu'auant que d'en venir-là par cette voye, il aura estropié plusieurs hommes, & luy-mesme pourra auoir les jambes ruinées du long trauail qu'il luy aura conuenu faire souffrir pour le rendre à ce point: On me dira que si ie mets vn tel Cheual au pillier, que se voyant pris de court & resserré, il se desespera & se pourra dôner quelques tours de reins; mais comme j'ay dit cy-deuant, le sage Caualier, consideratif en ce qu'il fait, donnera bien ordre que cela n'arriue pas, & esquiuera luy-mesme tous les hazards que j'ay fait iuger par l'autre voye, en ce qu'il est tout certain que iamais vn Cheual tout seul n'estant trop pressé de personne, ne se fait mal luy-mesme.

Estant donc mis au pillier tout seul, sans homme dessus, comme j'ay cy-deuant dit, & estant doucement animé de la gaule, pour l'obliger de cheminer au pas, au trot, ou au gallop, comme il se presentera à main droite; premierement, s'il luy prend quelque meschanceté, il le faut laisser faire & le tenir ferme, sans luy donner en ce temps-là de fougues ny le presser, pource que sa malice s'executera volontiers en auant, qui est ce que l'on cherche, & si elle tend afin de s'eschapper de-là, il prend luy-mesme à propos & ferme le chastiment que l'homme ne sçauroit pas luy donner; Ainsi ne le pressant pas, & se gouuernant auec prudence, on peut connoistre euidemment que l'vsage du pillier ne ruine pas les Cheuaux, pourueu que celuy qui en vse l'entende; car les plus dangereuses leçons pour eux & pour les hommes sont les premieres, pource que lors qu'ils les connoissent ils s'y laissent conduire bien plus facilement qu'ailleurs, en ce qu'ils s'apperçoiuent que là ils sont iustement chastiez de leurs fautes, au temps qu'ils les commettent.

Du leger, gentil, & de bonne nature.

CHAPITRE XXVII.

LE Cheual de cette humeur s'y peut aussi mettre sans danger, & la raison y est toute naturelle, car si vn bigearre malicieux & plein de feu s'y reduit auec la consideration requise à l'homme, il se peut croire que le gentil & de bonne nature y estant mis auec toutes les douceurs requises pour peu de chastiment qu'il se donne luy-mesme, il s'en apperceura bientost, d'autant qu'il ne s'enyure pas de colere comme l'autre, & lors qu'il s'en apperçoit & qu'il commence à se laisser conduire, on peut executer les leçons que j'ay cy-deuant dites auec iugement selon le besoin.

Du lasche & paresseux.

CHAPITRE XXVIII.

S'Il s'en trouue quelqu'vn qui soit lasche & paresseux, il s'y peut aussi mettre sans hazard, bien que son naturel fust plus propre au carrosse qu'au manege, mais pourtant il s'en treuue quelquefois de paresseux que l'on pourroit galoper long-temps & se rompre les bras du caueçon & de la bride, se trauaillant le corps à tirer perpetuellement auant que de les pouuoir resueiller; mais les Cheuaux de cette nature estant mis à l'entour du pillier & suiuis auec vn ou deux hommes la chambriere en la main, l'apprehension qu'ils ont de se voir retenus & de ceux qui les suiuent, les obligent à se deliberer & s'accoustumer de faire auec action ce qu'ils ne faisoient auparauant qu'auec paresse & lascheté; & ainsi leur en donnant peu & souuent, on les accoustume à prendre cette cadence, & les fait-on quelquesfois paroistre plus qu'ils ne sont; car il est tres-certain, & est vne maxime generalle, qu'il faut que tous les Cheuaux ne vont que par coustume: Tellement que c'est l'industrie du Caualier de leur en donner de bonnes, & n'y a point de plus asseuré moyen que de leur en donner peu & souuent.

Du pesant & malicieux.

CHAPITRE XXIX.

LE Cheual de cette nature s'y peut mettre aussi, & luy donner la mesme leçon qu'au precedent, sinon que le connoissant malicieux, il faut que le Caualier tasche premierement de l'alegerir que de le presser, d'autant que si auparauant d'estre alegery on le pressoit, il ne manqueroit pas de se deffendre de sa malice, laquelle n'estant pas secondée de force ny de legereté, il y auroit hazard que le Cheual estant attaché à terre à cause de sa pesanteur, cela l'obligeast, voyant que de sa force il ne se pouuoit deffendre, de se ietter contre terre, ou tascher de faire quelques eslans, n'estant assisté de force ny de legereté, tomber ou se renuerser, & quelquefois se coucher, pour se deffaire de son homme.

A ces Cheuaux-là ie ſerois d'auis que doucement on leur fiſt connoiſtre le pillier de pas, de trot, ou de gallop en main, & ſous l'homme tout doucement, ſans les preſſer, leur faire entendre la gaule entre les deux pilliers, puis les leuer deuant à l'entour dudit pillier & entre les deux (comme j'ay dit cy-deuant) pour les allegerir le plus que faire ſe pourra, auant que de les preſſer, & lors que l'on les iugera le deuant à commandement, on les pourra animer vn peu & les preſſer dauantage, d'autant que s'ils ont de la meſchanceté à faire paroiſtre, ils ſe deffendront en leuant le deuant, qui vaut beaucoup mieux que d'eſtre attachez à terre; car ſe deffendant par cette voye, ils ne ſont pas ſi couſtumiers à ſe ietter contre terre pour ſe deffendre de l'homme; mais ayant le deuant à commandement & eſtant preſſez aſprement de la chambriere, lors qu'ils ſe deffendent, ils ſe porteront plus facilement en auant, y eſtant comme obligez, ayant le deuant en l'air.

Du desesperé de bouche.

CHAPITRE XXX.

IL se rencontre aussi des Cheuaux, ou de nature ou par accident, qui sont desesperez de la bouche & ne peuuent souffrir en aucune maniere que le Caualier se serue de la bride pour les conduire: Ceux-là, ie desire aussi qu'ils soient mis au pillier pour des raisons, dont la premiere est, que vous ne pouuez conduire vn Cheual que de la main. Or est-il, que s'il se deffend contre elle, & qu'il ne l'a veuille souffrir, il y a bien peu de moyen que le Caualier le puisse mener à la campagne, sans estre en danger de se faire mal, bien que la pluspart les endorment au petit gallop peu à peu par le droict & auec longueur de temps, leur font prendre quelque peu d'appuy; mais aussi ce n'est pas sans trauailler le Cheual dauantage, & sans quelquesfois se mettre au hazard de se blesser; deux choses que ie desire esquiuer le plus qu'il me sera possible, & que ie souhaitte, que ceux qui suiuent nostre methode, & qui ayment l'exercice se gardent ; car tout exercice du corps se fait pour le plaisir ou pour l'vtil, ou pour tous les deux ensemble, comme cettuy-cy : Si c'est pour le plaisir, il n'y en a point à se faire mal ; si c'est pour l'vtil, la fin de l'art est de mettre vn Cheual au point de pouuoir rendre du seruice à son maistre : Il faut donc l'espargner le plus que l'on peut & luy conseruer les jambes & les reins pour s'en seruir au besoin, & en prendre plaisir quand l'occasion s'offre.

Tel Cheual se doit donc mettre au pillier premierement (comme j'ay dit cy-dessus) pour luy apprendre à le connoistre & obeyr doucement à l'ayde que l'homme luy fera de sa gaule ; puis quand il pourra monter dessus, tascher doucement à l'entour dudit pillier à le sentir dans la main, soit au pas, trot, ou gallop, sans presser le Cheual en aucune sorte ; & ainsi il pourra plustost prendre connoissance de la bride, pour le moins, pour se laisser conduire sans faire mal à l'homme, & lors que l'on iugera le pouuoir mener par tout, au pas, trot, ou gallog, sans danger : Ie veux bien que tel Cheual se mene au petit gallop, à la campagne, & que l'on l'arreste souuent, quelquefois le poussant &

l'arrestant doucement; puis sur la fin de sa leçon, auant que de le descendre, l'attacher entre les deux pilliers pour le faire fuyr la gaule & les talons deçà & delà, comme j'ay souuent dit, & le tenir en obeyssance, ne luy demandant que cela iusques à ce que la teste soit asseurée, & qu'il aye de l'appuy à la main, sinon quelquefois commencer la leçon à l'entour du pillier, pour tascher sans le presser à luy faire prendre la cadence, puis l'oster hors de là & le galoper comme dessus, & sur la fin entre les deux pilliers.

Voila comme quelquesfois le trot & le galop à la campagne n'est pas mauuais: Mais premierement, il faut que le Cheual se laisse conduire à l'homme, pour esuiter aux accidents & au long trauail.

Apres toutes lesquelles choses executées sur tous Cheuaux de diuerses natures, le Caualier s'y gouuernant selon ce qu'il iugera de leur humeur, il pourra continuer les leçons, suiuant ce que j'ay dit cy-dessus, lesquelles faisant de la sorte, il rendra son Cheual prest d'adjuster en peu de temps & dans la main & dans les talons, comme j'ay cy-deuant fait remarquer.

Et comme c'est l'esprit du Cheual qu'il faut le

plus trauailler, il faut aussi que l'esprit du Caualier soit en perpetuel trauail pour espier toutes sortes d'occasions, afin de paruenir à ce qu'il desire, sans laisser passer aucun mouuement, ny aucun temps qu'il ne prenne.

Ie croy auoir assez parlé contre ceux qui n'approuuent l'vsage des pilliers, monstré comme la facilité y est bien plus grande pour les Cheuaux, le trauail moins penible, tant pour eux que pour les hommes, & le hazard presque du tout hors pour le Caualier; & si cette raison n'est suffisante pour leur faire croire cette verité qu'ils viennent voir trauailler & faire trauailler Monsieur de Pluuinel, il leur fera connoistre que ce sont des enfans de douze, quatorze & quinze ans les plus vieux, qui dressent ces Cheuaux, & des meilleures maisons de France, la vie desquels luy est trop chere pour la hazarder.

Il se void donc clairement par cét exemple, qu'il y a plus de facilité & de promptitude pour les hommes & pour les Cheuaux, suiuant nostre piste; Car qui auroit mis vn enfant sur vn Cheual de l'humeur dont j'ay parlé cy-deuant, pour le galoper à la campagne, vous pouuez penser qu'il n'en auroit pas la raison, & que peut-estre ne descendroit-il pas de dessus en vie; & cependant tous les iours ils montent les plus fascheux & font reüssis les leçons qu'ils executent dessus, de telle sorte, que la fin est telle que nous la desirons; De chercher d'autres preuues plus suffisantes, ie ne m'en mettray point en peine; car ce que i'en fais est plus pour esgayer mon esprit & soustenir la verité, la faisant voir toute apparente à vn chacun, que pour autre chose, qui fera que j'en demeureray à ce terme, pour reprendre le lieu où ie m'estois arresté.

Les raisons pourquoy il est besoin que l'homme soit intelligent en la science, auant que de le faire monter sur vn Cheual ignorant.

CHAPITRE XXXI.

AVant que passer outre, ie diray qu'il est tres difficile de dresser vn Cheual de grande force & plein de feu, si l'homme qui montera dessus est ignorant, quoy que celuy qui le regardera trauailler soit tres-sçauāt en la science; & pour en faire voir la raison, c'est que la science de la Caualerie n'ayant pas esté au commencement en la perfection qu'elle eſt, il eſtoit fort aiſé aux hommes de mener leurs Cheuaux, parce que nos premiers Peres ne s'en ſeruoient qu'à aller au pas, au trot, & à courir ſans ſelle & ſans bride, autre que quelques cordons ou filets dans la bouche, comme encores font preſque toutes les Nations barbares: En apres ceux qui ont vn peu paſſé plus outre les ont fait tourner de toute leur force fort large, ſans obſeruer aucune iuſteſſe à eux ny à leurs Cheuaux; mais depuis ces derniers ſiecles, que nous auons trouué l'inuention d'ajuſter vne ſelle & vne bride au Cheual, pour donner belle & bonne tenuë au Caualier, & bonne poſture au Cheual, l'obligeant d'obeyr à l'homme, au pas, au trot, au gallop, terre à terre, à courbettes, balotades, groupades, capriolles, & vn pas & vn ſault, ſoit en auant & en arriere, de coſté, en vne place & ſur les voltes, faiſant toutes ſes actions à tous les temps qu'il plaiſt au Caualier, endurant & ſouffrant les aydes & les chaſtimens, non ſans inquietude, ny ſans teſmoigner leur reſſentiment; mais ſans colere & ſans deſordre; j'ay creu que pour abreger il eſtoit aucunement neceſſaire de commencer à dreſſer l'homme & luy faire ſentir tous les mouuemens du Cheual, au pas, au trot, au gallop, à coure à toutes ſortes d'airs, à la juſteſſe & bon appuy de la main, les temps & la delicateſſe des aydes, comme quoy il en faut vſer, & quand il eſt beſoin ſe ſeruir des chaſtimens, ayant eſtimé que le moyen de paruenir à toutes ces choſes auec la fermeté & la bonne poſture que ie deſire au Caualier, eſtoit de le mettre premierement ſur vn Cheual dreſſé, pour luy donner parfaite connoiſſance de ce que ie viens de dire, afin qu'apres qu'il le ſçaura, il puiſſe plus facilement iuger le bien & le mal que le Cheual ignorant, executera ſous luy pour le carreſſer du bien & le chaſtier du mal : ce que difficilement il pourroit faire par autre voye, car le Cheual ignorant faiſant quelque deſordre par colere ou autrement, metroit fort ſouuent l'homme peu ſçauant, qui ſeroit deſſus, au hazard de ſe bleſſer, ou à tout le moins en l'incommodant prendroit de tres-mauuaiſes habitudes : Voila pourquoy il faut commencer à dreſſer l'homme le premier, tant pour éuiter aux perils qu'ils pouroit encourir, le mettant d'abord ſur vn jeune Cheual, que pour empeſcher les mauuaiſes

leçons

leçons que le Cheual receuroit sous luy; car c'est vne maxime generale, qu'il ne faut iamais s'il est possible aux exercices de plaisir, hazarder la vie des hommes, ny leur laisser prendre de mauuaises habitudes: C'est pourquoy en celuy qu'il s'agist, il est presque impossible d'empescher que l'homme & le cheual tous deux ensemble, s'ils sont ignorans, ne retiennent de mauuaises coustumes, & que l'homme souuent ne soit en peril, nonobstant sa longue habitude jointe au bon iugement de celuy qui le regardera trauailler.

Qu'il se peut quelquefois mettre vn homme ignorant sur vn ieune Cheual non dressé.

CHAPITRE XXXII.

QVoy que j'aye dit cy-dessus, ie n'ay pas fait quelquesfois difficulté de mettre de jeunes personnes de quatorze ou quinze ans sur de jeunes Cheuaux tres-fascheux & non dressez, encores qu'il soit bien vray que les plus sçauans escoliers n'y sont pas trop bons, pour parfaitement venir à la fin de ce que ie desire, au moins ie ne l'ay pas fait sans consideration & sans qu'il en soit arriué du peril à l'homme & au Cheual ; mais pourtant cela ne se doit entreprendre sans auoir parfaite connoissance de l'vn & de l'autre, & sans sçauoir ce que l'homme peut souffrir sans incommodité, & preuoir ce que le Cheual doit faire, afin que si c'est plus que la portée du Caualier ; esuiter par les moyens de cette connoissance les accidens qui en peuuent auenir.

Comme l'experimenté Caualier peut connoistre la portée de l'homme & du Cheual, & par ce moyen éuiter les accidens qui peuuent arriuer faute de cette connoissance.

CHAPITRE XXXIII.

LA longue experience m'a fait obseruer, que pour bien connoistre la portée & le naturel d'vn ieune Escolier, il faut le regarder pour en iuger quelque chose par sa phisionomie, le faire parler pour voir quel est son esprit, & le mettre sur vn Cheual duquel on soit asseuré, pour reconnoistre sa force & sa fermeté naturelle : De mesme, il faut regarder le Cheual fixement dans les yeux, pour iuger de son naturel & de son inclination, le faisant remuer doucement, vigoureusement, & mesme rudement, pour sonder sa force, sa colere s'il en a, de quelle sorte il l'exerce, quelles sont ses deffenses, les actions qu'il fait auparauant d'entrer en colere, celle qu'il fait durãt qu'elle dure, & celle qu'il demonstre quand il reuient à soy, afin qu'ayant connoissance de ces choses, il puisse apariet l'homme & le Cheual, de sorte qu'il n'en puisse reüssir que du bien ; estant à remarquer que pour atteindre à cette perfection, il conuient que celuy qui enseigne & qui veut pratiquer cette methode aye vne grande patience & vne grande resolution.

Que la patience & la resolution sont les choses les plus necessaires en cét exercice.

CHAPITRE XXXIV.

IL faut que le Caualier qui a atteint la perfection de la science dont ie parle soit patient & resolu ; car autrement vn homme qui ne ſe ſert que de la patience ne ſe peut pas dire ſçauant, & celuy qui ne met en vſage que la force & la reſolution, & le plus ſouuent mal à propos eſt encores plus ignorant, & plus capable de gaſter des Cheuaux par cette reſolution inconſiderée, que de les reduire à la raiſon ; mais pour les bien adjuſter enſemble & s'en ſeruir vtilement, il y faut prendre garde de prés; car ſi vn homme ſouffre quantité d'extrauagances & de deſordres à ſon Cheual ſans raiſon (pource qu'il en faut quelquesfois endurer auec iugement) & ſans qu'il le chaſtie, celuy-là ſe doit veritablement nommer ignorant & non patient ; comme auſſi celuy qui bat ſon Cheual ſans neceſſité, & lors qu'il n'a beſoin que des aydes qui le tourmente des eſperons, de la gaule, de la bride & du caueçon au moindre petit manquement qu'il faict, ſans chercher autre inuention pour le ramener, quãd il commet ſes legeres fautes ; je nomme auſſi tres-certainement cét homme là, colere ignorant, & non pas reſolu ; car la reſolution eſt proprement de chaſtier le Cheual quand il eſt temps, & non autrement.

Fin de la premiere Partie.

FIGVRE DE LA TROIZIEME PARTIE

LA PRATIQVE DV CAVALIER, OV L'EXERCICE de monter à Cheual.

SECONDE PARTIE.

Qui fait voir ce qu'il faut faire pour rendre le Cheual obeyssant aux plus grandes justesses.

Des moyens qu'il faut tenir pour commencer d'ajuster vn Cheual.

CHAPITRE PREMIER.

LORS que le Cheual est reduit aux termes que j'ay cy-deuant dit, & qu'à l'entour du pillier il se laisse conduire dans la main & dans les talons, de son air sur les voltes, puis la teste contre le pillier de costé à chaque main, entre les deux pilliers de costé deçà & delà des hanches, le sentant sous le bouton à vne place dans la main & dans les deux talons, souffrant les aydes des jambes & des talons au besoin, sans se mettre en colere, alors le Caualier luy pourra oster le caueçon & commencer à le promener sur les voltes, se seruant fort de la main & luy faire porter les espaules où bon luy semblera, & taster si hors du pillier il ne fera nulle difficulté d'obeyr: ce qu'il ne fera, si on l'a senty dans la main & dans les deux talons, comme j'ay dit cy-dessus; si toutesfois il refusoit, ce seroit vn tesmoignage que le Caualier ne l'auroit pas bien senty estre à luy; premierement, que de l'oster de la subjection des pilliers, auquel cas il luy pourra remettre, & connuer iusques à ce qu'il le sente capable de luy respondre; ce qu'estant & portant les espaules où il desirera, il doit approcher vn talon & puis l'autre, pour taster aussi & faire cheminer les hanches d'vn costé & d'autre, sans que les espaules bougent n'y cheminent que fort peu, & lors que l'on le connoistra obeyssant en cette sorte, on le pourra faire cheminer de costé à vne main, & à l'autre de la main du talon tout ensemble, le sentant tousiours sous le bouton, & plus prest à se mettre sur les hanches que sur les espaules; car en faisant toutes ces espreuues, si on le ressentoit abandonner quelque peu plus sur la main, que la fantaisie du Caualier, il le doit arrester plus souuent; & à tous ces arrests le leuer & le tenir sur les hanches le plus qu'il pourra.

Seconde leçon pour adjuster vn Cheual.

CHAPITRE II.

COmme le Caualier sent cette premiere obeyssance de son Cheual estant sur sa foy & hors du pillier, & qu'il ne le refuse en aucune maniere, il doit le passager sur les voltes, se seruant pourtant tousiours de la main, sans tant le serrer des hanches; car il suffira que le Cheual chemine seulement vne hanche dans la volte pour le commencement; d'autant qu'ils ne se seruent que trop des hanches, & par ce moyen se rendent paresseux des espaules: c'est pourquoy à ce commencement il se faut seruir de la main selon le besoin que le Caualier iugera; car il y a des Cheuaux qui se serrent trop des espaules & pas assez des hanches; à ceux-là, le Caualier fera la guerre à l'œil, car son Cheual entendant la main & les taōls, il le doit conduire rondement & l'apprendre à passeiger sur les voltes, pour accommoder ses jambes, en sorte qu'il ne se les choquent point; & si par hazard en le passeigeant, il se presentoit de son air, le Caualier prendra ce temps & l'aydera doucement, pour l'obliger de faire vn quart de volte, vne demie, ou vne toute entiere, selon le jugement qu'il fera estant dessus: puis apres luy auoir fait carresses, le repasseiger derechef, tant à vne main qu'à l'autre, & s'il se presente faire, comme j'ay dit, sinon l'animer doucement pour le faire presenter, & lors que le Caualier connoistra qu'il luy obeyt à cette leçon, il le doit descendre sans l'ennuyer & le renuoyer au logis, bien que ce qu'il aye fait ayt esté vne partie pour son plaisir.

Troisiesme

Troisiesme leçon pour adjuster vn Cheual.

CHAPITRE III.

LE Cheual en estant iusques-là, & en le passeigeant, se presentant & faisant pour son plaisir vn quart, vne demie, & iusques à vne volte entiere, si le Caualier sent qu'il obeysse de pas facilement aux passeiges, à la main & aux talons, & qu'en se presentant il souffre l'ayde de la main, du talon, estant en train, se serrant & eslargissant tant des espaules que des hanches, suiuant la fantaisie des hommes, alors il n'y aura plus de danger, que le Caualier en le passeigeant, bien que le Cheual ne se presente, (& quand il se presenteroit ne prendre pas ce temps-là, mais lors qu'il ne s'y presenteroit plus) prenez le bout des rennes & l'animez de la langue & de la gaule; & s'il respond, luy faire faire vne volte, deux, ou trois, & l'arrester à la fantaisie du Caualier, & non du Cheual, pour luy apprendre à se leuer quand l'homme voudra, & s'arrester de mesme; & s'il refuse de se leuer pour la main ou pour la gaule, le Caualier luy doit donner vn bon coup des deux talons pour le chastier de son refus; puis recommencer à leuer, afin de l'obliger à estre tousiours prest à faire la volonté de l'homme; mais pourtant encores que j'approuue icy de surprendre son Cheual, pour l'accoustumer à estre tousiours preparé; si est-ce que ie ne conseille pas au Caualier, estant en bonne compagnie, de commencer à faire aller son cheual par surprise, mais en le passeigeant doucement & luy faire sentir tantost vn talon tantost l'autre; puis quelque petit coup de gaule pour l'animer & l'obliger de se presenter, & lors qu'il le sentira venir, il se pourra aneruer doucement sur les estriers, en s'estendant dans la selle; puis en prenant le bout des rennes à l'instant que son Cheual se voudra presenter, & se mettant le corps en bonne posture, il pourra de meilleure grace se faire paroistre & son Cheual tout ensemble, que s'il le surprenoit; mais ce que j'en ay dit cy-dessus, n'est que pour accoustumer le Cheual à estre tousiours prest.

Quatriesme leçon pour adjuster vn Cheual.

CHAPITRE IV.

LE Caualier ayant reduit son Cheual à ce point d'obeyssance, de se laisser conduire tant de la main que du talon, & respondant aux aydes de la langue, de la main & des talons, selon la volonté de l'homme : Il doit apres le promener sur les demies voltes de pas, & qu'il y ait de la distance entre les deux demies voltes de huit ou dix courbettes; puis le Cheual obeyssant de pas, le Caualier doit commencer à main droite, & en prenant le bout des rennes (comme dit est) leuer quatre ou cinq courbettes, le chassant en auant, puis luy faire carresse & acheuer de pas tout doucement la demie volte & l'arrester, en faire de mesme à main gauche, se seruant de la main & des talons, selon que le Caualier iugera le besoin; & ainsi continuëra cette leçon pour seulement accoustumer son Cheual à faire ces quatre ou cinq courbettes en auant, estre droit & arrester où il plaist à l'homme.

Cinquiesme leçon pour adjuster vn Cheual.

CHAPITRE V.

OBeïssant à ces quatre ou cinq courbettes, s'arrestant droit & finissant ses demies voltes de pas, le Caualier taschera en commençant ces quatre ou cinq courbettes de le faire passer plus outre, en l'aydant de la main & des talons, selon le besoin, pour luy faire acheuer la demie volte, & sur tout se seruir de la main, & faire que le Cheual bien qu'il aye les hanches dedans y ayt aussi la teste, & lors qu'il aura fourny vne demie volte, tant à vne main qu'à l'autre; l'arrestant à chacune, il le faudra promener de pas & ne le leuer pas tousiours, de peur de l'ennuyer; & aussi que le leuant toûjours, le Cheual prendroit de l'impatience, il se presenteroit auec ardeur, qui le feroit precipiter : Tellement que pour éuiter cét accident, il ne le faut pas leuer à toutes les fois, mais lors qu'il n'y presentera pas ; car s'il se presentoit auec trop d'action, il le faudroit appaiser & cheminer de pas, d'autant que ce que le Cheual fait auec ardeur & impatience, il ne le conçoit iamais, & ne luy sert que de le trauailler.

Sixiesme leçon pour adjuster vn Cheual.

CHAPITRE VI.

LE Cheual estant asseuré de bien commencer ces demies voltes par quatre ou cinq courbettes en auant, & de les bien finir de son air, au lieu de l'arrester à la fin, le Caualier luy en doit faire faire quatre ou cinq à vne place apres auoir serré sa demie volte, ou s'il s'entretenoit trop les luy faire faire en auant, le chassant des deux talons selon le besoin, & le sentant tousiours dans la main; puis apres que le Cheual aura obey en ce lieu-là, il le doit mener le long d'vne allée droite & le promener deux ou trois tours de pas par le droict; puis obligeant son Cheual de se presenter, luy faire faire en auant selon ce qu'il iugera à propos, ou peu ou beaucoup, ou selon ce qu'il sentira son Cheual disposé, & luy ayant obey, le descendre auec carresse, continuant cette leçon iusques à ce qu'il ſoit aſſeuré ſur les demies voltes & par le droit: Que ſi durant toutes ces leçons il luy prenoit quelque malice extrauagante contre l'attente du Caualier, ſans s'opiniaſtrer dauantage, on le peut remettre aux piliers auec le caueçon, & le chaſtier vertement de la gaule & des talons, le faiſant rendre-là, & demander par ſes actions obeyſſantes pardon de ſa faute.

Septieſme leçon pour adjuſter vn Cheual.

CHAPITRE VII.

APres que l'on connoiſtra le Cheual aſſeuré ſur les demies voltes & par le droict, il faudra luy donner leçon de coſté, & pour y commencer, il ſera beſoin le promener de pas, de coſté, deçà & delà, tant de la main que du talon; & pourra le Caualier pour ſe faciliter dauantage cette leçon ſe ſeruir d'vne muraille, & là apres luy auoir fait reconnoiſtre de pas, le leuer deux ou trois courbettes; puis le carreſſer, cheminer de pas & leuer, & ainſi apres trois ou quatre repriſes de chaque coſté, le ſentant touſiours dans la main, & luy continuer cette leçon tant qu'il obeyſſe ; puis apres, il ſera à propos de luy faire reprendre cinq ou ſix courbettes de chaque coſté, ſans l'arreſter: ce qui ſe pourra faire à l'heure que l'on le ſentira bien libre à fuyr vn talon ; car lors le ſouſtenant touſiours de la main ſans quitter les aydes de la langue & de la gaule (s'il en a beſoin) il faudra ayder de l'autre talon deux ou trois courbettes ; & s'il y reſpond, l'arreſter & luy faire carreſſe : S'il n'y reſpond, les deux pilliers pourront ſeruir à cela, & à le remettre en cette obeyſſance ; & par ce moyen, le Cheual apprendra à reprendre de coſté & d'autre, de ſorte que luy continuant cette leçon ſans l'ennuyer, en peu de iours il pourra aller de coſté la teſte hors de la muraille.

Huictieſme leçon pour adjuſter vn Cheual.

CHAPITRE VIII.

Estant aſſeuré de coſté ſans aller en auant, il ſera bien à propos de luy donner la meſme leçon de coſté ; mais au lieu de le faire aller deçà & delà sans auancer , ie veux qu'il chemine en auant six ou sept pas de costé du talon droict, puis en reprenant six ou sept pas de costé du talon gauche aussi en auant, & ainsi luy faire conceuoir deçà & delà de pas; & lors qu'il aura conceu cela & qu'il s'y laissera conduire de pas, on luy pourra bien faire faire de son air, d'autant que le Cheual le treuuera plus aisé, en ce qu'allant en auant il n'est pas si contraint qu'en vne place; mais pour ce faire, l'ayde de l'homme est vn peu differente de celle de costé, sans aller en auant ; pource que de costé seulement, sans aller en auant, le Caualier n'a que faire qu'à empescher que son Cheual ne le transporte, en le soustenant & portant la main doucement du costé qu'il veut qu'il aille, approchant le talon: comme s'il veut qu'il aille à main gauche y porter la main, & ayder du talon droit, soustenant du gauche si besoin est; mais pour aller de costé en auant, si c'est du costé gauche, il faut porter la main, comme dit est, en la soustenant; mais il faut soustenir le Cheual des deux talons en le chassant en auant & l'aydant, toutesfois en le chassant du droict plus que du gauche, & ainsi de

mesme

mesme à l'autre main, & peut seruir cette leçon-là au Cheual, en ce qu'allant par le droict, s'il venoit à se jetter ou sur vn talon ou sur l'autre, & qu'il ne fust accoustumé de prendre les aydes d'vn talon seul, en allant en auant; on ne pourroit pas le redresser sans desordre, d'autant que sentant approcher vn talon plus que de l'autre, il penseroit qu'on le voulust faire aller de costé seulement; mais estant accoustumé à prendre l'ayde de l'vn ou de l'autre en auant, cela le redresse sans incommodité.

Neufiesme leçon pour adjuster vn Cheual.

CHAPITRE IX.

COmme le Caualier aura reduit son Cheual à luy respondre à ce que dessus, il sera besoin qu'il luy donne leçon en arriere; ce qu'il fera en cette sorte.

C'est que dans vne carriere ou le long d'vne muraille, il le doit tirer en arriere de pas, puis luy ayant fait reconnoistre, le leuer deux ou trois courbettes ou plus en vne place, & tirer arriere deux ou trois pas, & ainsi aller leuant

& tirant arriere de pas quatre ou cinq repriſes, puis arreſter ſon Cheual.

Et remarquera le Caualier que pour faire aller vn Cheual par le droict ſur les demies voltes, ſur les voltes & de coſté, il ne faut que tenir la main ferme, ſans en ayder le Cheual à tous les temps ; mais en arriere, c'eſt le contraire, pource qu'il faut ayder le Cheual de la main à tous les temps, comme le deuant, retomber à terre, le tirer doucement, & l'ayder des talõs vn peu plus en arriere, & ne ſe tarquer pas du tout tant, ny ne pezer ſi fort ſur le derriere, comme aux autres aydes.

Le Caualier vſant de cette ſorte pourra obliger ſon Cheual & le porter à demy par ſurpriſe, en l'aydant à propos à en faire quelques vnes en arriere ; auquel cas il l'arreſtera court & luy fera carreſſes ; & ſi apres il y retourne, le deſcendre & le renuoyer au logis, & continuer cette leçon tous les iours (apres l'auoir quelquesfois auparauant deſennuyé à luy faire faire quelques voltes ou demies voltes pour luy donner du plaiſir ; car s'il y a moyen, il faut obliger le Cheual à prendre plaiſir à tout ce qu'il fait) iuſques à ce qu'il y aille librement, &

alors il s'en faudra peu que le Cheual ne soit au poinct où on le desire.

Dixiesme leçon pour adjuster vn Cheual.

CHAPITRE X.

LOrs que le Caualier sentira son Cheual asseuré par le droict sur les demies voltes, sur les voltes, de costé sans aller en auant, de costé allant en auant, en vne place & en arriere; Il le doit passeger sur les voltes & le tenir iuste & droict, les hanches dedans, & continuer ce passege assez lõg-temps pour accoustumer son Cheual à la patience, & à se tenir en cette justesse tant qu'il plaira à l'homme; puis luy ayant fait faire des voltes les plus iustes que faire se pourra, il luy doit donner leçon sur le chãgement de main, qui est qu'en le passegeant droict, & les hanches iustes, comme j'ay dit, le Cheual estant dans la main, dans les talons & sur les hanches (comme i'ay monstré le chemin de luy mettre cy-deuant) & ayant de la patience pour attendre ce que l'hõme luy veut demander, il doit estre prest à tous les temps.

de changer de main ; si tant est que le Caualier luy aye donné leçon bien à propos de costé, tant de la main que du talon ; neantmoins il luy doit monstrer ce qu'il desire de luy, & en le passegeant de pas luy faire connoistre le changement de main ; & lors qu'il l'aura bien reconnu, il luy fera faire de son air, puis pour le contenter, le descendre & le renuoyer, & aux autres iours qui luy fera repeter cette leçon, il le descendra ou de costé, ou par le droit, ou en arriere, selon ce qu'il iugera son Cheual en auoir besoin.

Vnziesme leçon pour adjuster vn Cheual.

CHAPITRE XI.

POur ce qu'il y en a qui admirent quand vn Cheual fait la croix, & que peut-estre ils ne sçauent ce que c'est : Ie parleray icy du moyen de luy faire faire, qui n'est pas chose difficile au Cheual reduit au poinct cy-dessus, d'autant que faire la croix n'est autre chose que faire aller son Cheual en auant, en arriere, à vne place & de costé, deçà & delà ; ce qu'il faut accouſtumer au Cheual à faire ſans l'arreſter : ce qu'il fera fort ayſément, veu que deſia il le ſçait & ne reſte plus au Caualier que d'y accouſtumer ſon Cheual tout doucement & prendre ſi bien garde de l'ayder, que le chãgement de ſes aides ſe faſſe bien à temps, pource qu'autrement le Cheual auec raiſon & ſans ſa faute, pourroit faire deſordre ; & ainſi l'accouſtumant auec diſcretion en peu de temps, il luy fera pratiquer cette leçon ſans difficulté.

Douzieſme leçon pour adjuſter vn Cheual ſur les paſſades releuées.

CHAPITRE XII.

De toutes les plus grandes juſteſſes que l'on puiſſe ſouhaiter à vn Cheual, il n'y a point de leçons qu'il treuue plus difficiles à faire que des paſſades releuées, ayãt oüy dire à feu Mõſieur de Pluuinel, & pratiqué à ſon eſcole que c'eſt la vraye pierre de touche pour eſprouuer la ſuffiſance du Caualier & l'obeïſſance du Cheual ; car ſi l'vn & l'autre executent bien cette leçon, on ne peut accuſer l'homme d'ignora ice, & doit-on attribuer au Cheual vne parfaite bonté & obeyssance, comme il se peut prouuer par raison euidente.

Premierement, il faut que le Cheual auant que commencer, quelques fougueux & plein de feu qu'il soit, ayt la patience & l'obeyssance de se tenir à vne place & droict, puis qu'il aye l'art de bien partir de la main, sans que ce soit ny sur l'esquine ny en faisant desordre; en apres qu'il arreste iuste sur les hanches, & que de la mesme cadence de son arrest dans la main & dans les talons de l'homme, souffrant ses aydes auec patience (quoy qu'animé de la course) il acheue la demie volte, au fermer de laquelle il attende sur les hanches allant en vne place, le temps de l'autre repart, & ainsi deux, trois, quatre, ou six demies voltes à la fantaisie de l'hôme, en mesme patience, obeyssance & iustesse que la premiere: Tellement qu'auec raison il se peut dire qu'en cette seule sorte de manege le Cheual pratique tout ce qu'il sçait d'art de patience, d'obeyssance, de force & de gentillesse: ce qui se peut apprendre au Cheual, sçachant tout ce que j'ay dit cy-dessus, & me semble auoir assez donné le moyen d'y paruenir.

par cette leçon au Caualier expert & entendu, ayant declaré ce que c'est, & la maniere de les faire. Reste seulement à dire qu'il y a plusieurs sortes de personnes & mesme des gens qui se meslent de l'exercice, qui font partir leurs Cheuaux de la main d'autre sorte que ie ne serois d'auis, & les accoustument de cette maniere, qui est que lors qu'ils les veulent faire partir, ils ouurent les jambes & le bras de l'espée : Tellement que les Cheuaux accoustumez à cette routine, partent le plus souuent, mais cette action n'est pas à ma fantaisie pour deux raisons ; l'vne, que tant moins le Caualier fait d'action à Cheual, & tant plus agreable il est à regarder ; & l'autre, qu'il peut arriuer que l'on surprendra vn Cheual, ou qu'il sera las & fatigué de telle sorte, que s'il ne part apres cette posture du Caualier, & que l'homme demeure les jambes ouuertes, le bras leué & son Cheual en vne place, cela sera de mauuaise grace; car de donner vn coup d'esperon apres, cette action c'est desia fait paroistre sans effect, ce qu'il ne fait pas ; car il faut que le moindre mouuement de l'homme soit vn commandement absolu pour le Cheual.

Ie conſeille donc au Caualier, lors qu'il voudra faire partir ſon Cheual de la main, qu'il laſche la main de trois doigts & preſſe les deux talons d'où ils ſont, ſans aller chercher ſon temps plus loin, & qu'il accouſtume ſon Cheual à partir en cette ſorte; car lors qu'il ſe ſera apperceu de cela, pour peu que l'homme laſche la main, & approche ſeulement les deux gras de jambe, le Cheual eſchappera de toute ſa force; & quand meſmes il ne partiroit pour la peur du gras de la jambe, les deux talons ſont tous contre pour y arriuer, ſans que l'homme faſſe aucune action mauuaiſe du corps, des bras & des jambes.

Treizieſme leçon des aydes pour les raffiner, & les faire prendre au Cheual plus delicates.

CHAPITRE XIII.

I'Ay deſia dit que le Caualier ne ſçauroit trop peu faire d'action, tant du corps que des jambes, pour ayder ſon Cheual, fuyant tant que faire ſe pourra la mauuaiſe couſtume de ceux qui a tous les temps que leur Cheual fait, branslent les jambes de telle sorte, qu'ils trauaillent & ennuyent, les regardant de leur mauuaise posture.

Ie desire donc, comme j'ay dit cy-deuant, que l'homme soit placé en la sorte que ie l'ay aduerty, la cuisse & la jambe bien estenduë, & prés du Cheual, à ce que les aydes en soient plus proches; & si par hazard le Cheual estoit endormy aux aydes, les prenant auec trop de patience & trop grossieres, comme il aduient souuent: car pour faire souffrir les aydes aux Cheuaux, il les y faut endormir par longues espaces, & mesmes les pinser à tous les temps, qui est la cause qu'ils les prennent grossierement: Mais pour les accoustumer à les receuoir plus delicates, c'est qu'il faut comme le Caualier sent le Cheual qui s'y endort, qu'il luy donne de fois à autre vn bon coup d'esperon, des deux ou d'vn selon le besoin; puis qu'il raffermisse ses jambes, & presse fort les cuisses, toutes les deux ensemble, ou bien l'vne plus que l'autre; selon ce qu'il iugera; & lors qu'il aura mis le Cheual en cette apprehension, il maniera pour icelle, dés qu'il sentira presser les deux cuiſſes, ou l'vne plus que l'autre ; & ainſi il fera paroiſtre l'homme auec peu d'action, qui eſt comme ie le deſire.

Cette leçon luy pourra apporter le profit de luy faire remarquer que les talons ſont les dernieres aydes que nous ayons pour faire aller nos Cheuaux : Si donc le Caualier peut premierement faire manier ſon Cheual par la ſeule peur ; puis comme il voudra s'alentir, trouuer vne ayde dans la cuiſſe qui le releue, & encores apres vne autre plus ferme au gras de la jambe, il ſera plus à propos de ſuiure cette methode & garder les talons pour le dernier ; car par cette voye le Cheual ira plus long-temps, & le Caualier paroiſtra en meilleure poſture que s'il commençoit par vn grand temps de jambe & par l'ayde des talons qu'il doit conſeruer au beſoin, & pour la fin de l'haleine de ſon Cheual ; & peut-on tirer de là vne conſequence certaine, qu'vn homme expert en cét art & qui entend bien les aydes, peut mener plus long-temps & de meilleure grace vn Cheual, ſoit au gallop, terre à terre, à courbettes, ou de quelque autre air, qu'vn autre qui ne l'entendra pas, & qui incommodera son Cheual par ses grands temps de jambes, estant tres-certain que pinser le Cheual bien à propos, se peut nommer la delicatesse principalle de toutes les aydes dont l'intelligence est la plus necessaire à l'homme & au Cheual, & sans laquelle il est impossible au Caualier de faire bien manier son Cheual de bonne grace, & en la sorte que ie le desire, d'autant que le Cheual n'entendant, ne connoissant & ne souffrãt les aydes des talons, s'il a besoin d'estre releué, animé ou chastié, il n'y aura nul moyen de ce faire; car le coup d'esperon est pour le chastiment & les jambes, & la fermeté des nerfs pour les aydes: Mais si le Cheual ne respondoit assez vigoureusement aux aydes de la jambe, il en faudroit demeurer là, si le Cheual ne connoissoit & ne souffroit le milieu d'entre le coup d'esperon & l'ayde de la jambe, qui est le pinser que ie viens de dire, lequel fort peu de gens pratiquent (volontiers plustost par faute de sçauoir que de bonne volonté) non plus que l'ayde de la cuisse, qui est la seule pour laquelle ie veux que les Cheuaux bien ajustez par nostre methode manient, & que peu de perſonnes connoiſſent, non plus que beaucoup d'autres choſes requiſes pour la bien-ſeance & la politeſſe de l'homme & du Cheual.

Fin de la Seconde Partie.

FIGVRE DE LA SECONDE PARTIE

LA PRATIQVE DV CAVALIER, OV L'EXERCICE de monter à Cheual.

TROISIESME PARTIE.

Qui parle des Airs les plus releuez, comme caprioles, balotades, groupades, & vn pas, vn sault; & la maniere qu'il faut tenir pour y rendre les Cheuaux bien manians.

Qu'il y a de diuerses sortes d'Airs, & pourquoy on appelle l'action que faict le Cheual en maniant Air.

CHAPITRE PREMIER.

IL y a de plusieurs sortes d'actions que le Caualier apprend à son Cheual, soit pour s'en seruir, soit pour son plaisir, les vnes plus basses, les autres plus releuées, selon qu'il iuge son inclination, sa force, sa gentillesse & sa legereté, comme terre à terre, courbettes, ou mezert, balotades ou groupades, qui est vne mesme chose, capriolles, & vn pas & vn sault; toutes lesquelles actions le Caualier a nommées airs, & a pris ce nom-là de l'esleuement que fait son Cheual en l'air, & dit-on celuy manier, du plus bel air qui s'en approche le plus prés, & qui s'esleue le plus haut; qui est, comme j'estime, la raison pour laquelle on se sert de ce nom Air.

Reprenant mon discours, j'aduertis le Caualier de prendre garde de prés, que si son Cheual se deffend contre les leçons cy-dessus, il est besoin qu'il considere sa deffense; car si il va en auant, & que seulemẽt il se deffende, (s'il est leger & vigoureux) de son esquine, en faisant des sauts au lieu de courbettes, il ne le faut pas chastier, pourueu que le Cheual aille bien deliberé à toute bride, quand il plaist au Caualier, & qu'il ne se serue de cette deffense que lors que l'on le veut faire leuer deuant; mais faut entretenir le Cheual à la cadence qu'il prendra luy-mesme, soit capriolles, balotades, ou groupades; d'autant que c'est vne chose certaine que les airs ſont donnez au Cheual par la nature, & qu'il faut, s'il eſt poſſible, l'obliger à faire demonſtration de celuy qui luy eſt le plus facile, & auquel il a plus d'inclination ; car ſans doute, c'eſt celuy auquel il aura meilleure grace en maniant ; partant le prudent & iudicieux Caualier obſeruera ſoigneuſement, comme ie viens de dire, de ne battre pas ſon Cheual quand il prend quelque cadence, ſoit de bonne volonté, ou pour deffenſes, encores que ce ne fut pas celle qu'il deſire ; d'autant que s'il ſe deffend des ſauts, il le faut faire ſauter & luy entretenir ; car pourueu qu'il prenne vne cadence & qu'il obeyſſe, il ſuffit ; eſtant tres-certain que ſi le Cheual n'a aſſez de force pour continuer à capriolles, balotades ou groupades, il ſe rabaiſſera tres-ayſément de luy-meſme à courbettes, ou terre à terre ; & qui feroit, autrement tel Cheual vigoureux & plein de feu pourroit faire mille deſordres, leſquels en retardant ce que l'on deſire, apporteroient mille accidens faſcheux, tant à l'homme qu'à luy.

Que c'est que les capriolles, & le moyen d'y acheminer vn Cheual.

CHAPITRE II.

AYant desia dit cy-deuant la maniere de resoudre vn Cheual terre à terre & à courbettes, ie parleray de l'air des capriolles & de la methode, pour luy faire manier.

Les vrayes & bonnes capriolles ne sont autre chose que des sauts que fait le Cheual à temps dans la main & dans les talons, se laissant soustenir de l'vn & ayder de l'autre, soit en auant, en vne place, sur les voltes & de costé, à la fantaisie du Caualier.

Tous sauts ne se peuuent pas nommer capriolles, mais bien ceux là qui sont hauts & esleuez tout d'vn temps; & le Cheual estant en l'air à la fin de sa hauteur, auant que tomber à terre, esparer entierement du derriere, & non à demy, & faisant resonner la jointure du jarret, que l'on nomme vulgairement ruer ou noüer l'esguillette, & continuer cette action là selon sa force.

Tous

Tous Cheuaux ne sont pas propres à ce manege, en ce qu'il faut qu'ils soient premierement de grande force, fort legers, nerueux & bien fondez sur leurs jambes, pource que cét exercice les ruine beaucoup, osant bien dire auec verité que sans nostre methode, peu de Cheuaux (si de leur inclination seule ils ne s'y mettent) se pourront accommoder à cette cadence, d'autant qu'il s'en trouue rarement de force suffisante & de legereté pour y fournir, qui ne soient ordinairement impatiens & malicieux, se deffendans de leur force.

Ie laisse donc à penser au Caualier intelligent si les Cheuaux de telle nature sont difficiles à reduire au pas, au trot, ou gallop, sans nostre Escole; ce qu'ils feront, quand on les voudra leuer, car s'ils se sont deffendus de pas, à plus forte raison le feront-ils auec furie quand on les recherchera de plus prés, & crois que pour en venir à bout, il faudra y apporter vn si longtemps si on ne se sert de nos remedes, que le Cheual auant auoir pris seulement cette cadence & y estre asseuré, ses jambes crieront misericorde & sa force sera tellement abbatuë & sa gentillesse perduë, qu'il ne sera plus capable de faire cette action-là de bonne grace; à laquelle pourtant, pour peu qu'il fasse, il n'aura pas esté reduit sans grand danger de celuy qui luy aura mis; d'autant que comme j'ay dit cy-dessus, tels Cheuaux impatiens ne se laissent pas forçer sans se deffendre; & durant leurs deffenses, qui n'a des moyens fermes pour les retenir, il y a danger qu'ils fassent souuent mal à l'homme; car en ce manege icy, plus qu'aux autres, le Caualier doit vser de sagesse, de patience & de iugement, pour preuoir aux accidens à aduenir, qui sont bien plus grands pour l'homme qu'aux autres airs; d'autant que le Cheual prend plus de fougue & de colere aux sauts, laquelle est plus dangereuse, en ce que les temps sont plus incommodes qu'à aucune autre action que l'on luy puisse faire faire: Tellement qu'il faut que le Caualier soit bien plus consideratif à preuoir sa malice auant qu'elle arriue, pour y donner le remede qu'il verra bon estre; ce qu'il fera, pourueu qu'il soit expert & vsité en la science; car cela estant, il iugera par l'action & dans les yeux de son Cheual le bien ou le mal qu'il doit faire, auant qu'il l'ait executé.

Ie conſeille pourtant à ceux qui ſe voudront meſler de mettre leurs Cheuaux à cét exercice, de ne le faire pas ſeuls, ayant beſoin d'auoir vn homme ſur le Cheual & vn auprés pour luy ayder, qui ne ſoit pas ignorant pour les cauſes que j'ay dites cy-deuant ; car celuy qui eſt à pied iuge mieux de la volonté du Cheual que celuy qui eſt deſſus.

Pour donc acheminer le Cheual à capriolles, il faut premierement le mettre ſeul & ſans perſonne deſſus à l'entour du pillier, & faire comme j'ay cy-deuant dit, quand j'ay donné le moyen de commencer vn Cheual, & de connoiſtre ce qu'il a dans la fantaiſie ; pour eſuiter aux accidens de mettre l'homme deſſus ſans cette connoiſſance ; puis ayant obey de pas, trot, ou gallop, l'attacher entre les deux pilliers & luy faire fuïr la gaule deçà & delà, comme dit eſt, & lors que ſans danger on peut mettre vn homme deſſus, luy faire faire la meſme choſe ſous luy ; & ainſi continuant, le deliberer terre à terre, & luy donner l'obeyſſance d'aller en auant & de fuyr les talons, auparauant que de le rechercher de plus prés.

Lors que l'on le iugera aſſez deliberé, & qu'il

ne se retiendra point, il le faudra leuer deuant à la fin de sa leçon, & continuer cét exercice tant qu'il responde à l'ayde de deuant, & qu'il la trouue facile; mais il faut prendre garde de le faire leuer le plus haut du deuant que faire se pourra, & l'obliger à plier fort les jambes en touchant doucement dessus auec la gaule, pour dauantage embellir son air & luy donner meilleure grace en maniant; car tous les Cheuaux qui manient par haut ou à courbettes ont bien meilleure grace quand ils plient les jambes que lors qu'ils les tiennent roides : C'est pourquoy il est tres-necessaire de les accoustumer à les bien ployer, afin que rendant leur air plus beau, ils soient plus legers à la main de la bride.

Il arriue souuent, & ie n'en fais point de doute, que les Cheuaux capables de manier à capriolles se trouuant fiers & pleins d'orgueil par le ressentiment de leurs forces extrémes, se deffendront ; mais le Caualier prudent iugera par son experiẽce la maniere de sa deffense; car comme ie croy auoir dit cy-deuant en quelque lieu, si la deffense se fait allant en auant & que son dessein ne soit que d'incommoder l'homme qui ſera ſur luy auec vn grand nombre de ſauts, tant s'en faut qu'il faille le chaſtier (encores que ce ſoit par deffenſe;) au contraire, il ſera beſoin le laiſſer ſauter & employer ſa force, taſchant parmy ſes ſauts en auant de garder l'appuy & l'obeyſſance de la main, & regler vne cadence eſgale à ce que l'on deſire; pource que ſe ſera touſiours autant dédaigné ſur le Cheual, qui peut eſtre en cette deffenſe, rencontrera de la facilité en l'execution de ce qu'on luy demande, qu'il pratiquera ſans aucun refus pour le plaiſir de l'homme; ce qui n'arriueroit pas, ſi on ſe vouloit opiniaſtrer à empeſcher le Cheual d'employer ſa force & ſa legereté, ſoit de bonne volonté ou en ſe deffendant; mais s'il employoit cette force par malice, s'opiniaſtrant à ne vouloir aller en auant, il faudroit le fort deliberer par le coup de chambriere, voire meſmes des talons (les connoiſſant) à aller en auant, à toute bride, ou terre à terre determiné (s'il en ſçauoit la cadence:) Bref, il ne faut iamais que le Cheual aille en arriere, ſi ce n'eſt pour le plaiſir de l'homme.

Seconde leçon pour les Capriolles.

CHAPITRE III.

LE Cheual en estant-là, on commencera tousiours sa leçon terre à terre autour du pillier & à tous les arrests, leuer deuant deux ou trois fois, & s'il luy eschappe quelques sauts ne l'en chastier pas, s'il les fait de gayeté, car c'est ce que l'on luy demande; & s'il se mettoit dans la cadence, sans autre artifice tant mieux; mais s'il les faisoit de malice, il faut le redeliberer terre à terre & à l'arrest, le releuer encores & finir le deuant en haut, puis à la fin de sa leçon le faire attacher eutre les deux pilliers, les cordes assez fermes, & de peur d'accident faire descendre l'homme, puis commencer à leuer deuant; & s'il respond librement, il faudra tascher en luy aydant derriere auec la gaule à le faire esparer, c'est à dire ruer; & s'il se deffend contre la gaule par malice, & qu'il ne voulust obeyr, il sera à propos d'auoir vn poinson au bout d'vn baston d'assez bonne longueur, & que l'homme qui est à pied, sans luy dire mot, luy en pique la fesse doucement pour le faire ruer, ce que le Cheual fera sans doute; puis l'ayant fait vne fois seulement, il le faut fort carresser pour luy donner à connoistre que c'est ce que l'on desire de luy, puis derechef r'approcher le poinson du mesme costé & luy faire obeyr à cette ayde deux ou trois fois; puis l'ayant fort carressé, le renuoyer au logis.

Troisiesme leçon pour les Capriolles.

CHAPITRE IV.

LE Cheual ayant commencé d'obeyr au poinson, on commencera sa leçon encore terre à terre & à courbettes, deux tours seulement à l'entour du pillier, pour tousiours le tenir en l'obeyssance de se laisser conduire & de sentir la main, & aux arrests le leuer fort deuant pour le tenir tousiours leger (car c'est ce qui est le plus necessaire aux Cheuaux dispos, que d'estre legers deuant) puis l'aller attacher entre les deux pilliers, & le leuer encores deuant; & ayant obey, l'ayder derechef du poinson derriere, du mesme costé que dit est cy-deuant; s'il respond sans difficulté, le faut carresser, puis passer de l'autre costé & l'ayder doucement du poinson à l'autre fesse, pour luy faire connoistre l'ayde des deux costez; & s'il la souffre & obeyt sans se faire battre, le faut carresser & reïterer cela quatre ou cinq fois selon le iugement du Caualier, en changeant à chaque fois de costé.

Quatriesme leçon pour les Capriolles.

CHAPITRE V.

QVand le Cheual respond entre les deux pilliers deuant le leuant de la gaule, & à l'ayde du poinson deçà & delà derriere, chacun à part; s'il y respond librement & sans colere, & que le Caualier iuge que sans hazard on pourra mettre vn homme dessus, l'homme commencera encores sa leçon vn tour ou deux terre à terre & à courbettes, comme dit est; puis aux arrests leuer deuant, & apres l'attacher entre les deux pilliers, & au lieu de descendre estant attaché, il le carressera fort & ne luy faut point remontrer le poinson, que l'homme l'homme qui est dessus ne l'ait fait douce[illegible] aller de costé, deçà & delà; & ayant ob[illegible], le tenir droit à vne place; puis luy faisant carresse de fois à autre, le leuer deuant deux ou trois fois, & apres l'auoir leué, l'homme qui est à pied s'approchera auec le poinson; & lors que celuy qui est dessus leuera le deuant, il l'approchera de la fesse & taschera de faire faire vn saut au Cheual, soit vne capriolle entiere, soit vne demie; car quand pour le commencement il n'espareroit pas tout à fait, n'importe, pourueu qu'il prenne la cadence; s'il obeyt, le carresser fort, puis reïterer cela deux ou trois fois, l'homme qui est à pied passant deçà & delà, comme dit est, sans luy en faire faire plus d'vne, deux au plus, & apres le renuoyer au logis, & ainsi continuant cette leçon peu à peu, si le Caualier trauaille auec iugement, son Cheual aura bien-tost appris cette cadence, & puis à faire vne bonne capriolle.

Et quand il l'a sçaura bien faire bonne, il sera à propos de gagner sur son haleine peu à peu, luy en faisant faire deux & trois, continuant de cette sorte par plusieurs reprises

P

sans le forcer ny l'ennuyer si faire se peut, crainte d'estouffer sa gentillesse, car elle est au Cheual comme la fleur sur les fruicts, laquelle ostée ne retourne iamais ; de mesme si la gentillesse est perduë, on ne la peut redonner que difficilement aux Cheuaux de legere taille & pleins de feu, & point du tout aux Cheuaux d'Allemagne ; estant vne chose infaillible, que celuy qui ne trauaille auec consideration, il oste la gentillesse à son Cheual ou le fait tomber dans des actions incorrigibles. Sçachant doncque la plus grande difficulté du Cheual, est de tourner pour faire de bonnes voltes terre à terre : Ie commence le Cheual ignorant par là.

Cinquiesme leçon pour les Capriolles.

CHAPITRE VI.

LE Caualier voyant son Cheual en train & presque asseuré à la mesure qu'il desire, luy respondant à l'ayde de la gaule deuant, & à celle du poinson derriere, il doit commencer à le soustenir doucement de la main, & peu à peu tascher de le retenir dans icelle & ne le laisser abandonner sur les cordes du caueçon, afin de sentir tous ses sauts dans sa main; ce qu'il ne fera pas en vne seule iournée, mais peu à peu & plustost, si le Caualier trauaille auec prudence & n'ennuye point son Cheual de sauter; car il faut, s'il est possible, qu'il luy donne le plus de plaisir qu'il pourra, pour l'obliger à ne se deffendre point s'il y a moyen; car par cette voye il en aura bien plustost la raison, en ce que si le Cheual s'ennuye vne fois des sauts & qu'il s'en rebutast, il faudroit vne longue patience au Caualier, vn grand diuertissement au Cheual auec du sejour; vn long circuit, & d'autres leçons pour le ramener, à se plaire à sauter.

Sixiesme leçon pour les Capriolles.

CHAPITRE VII.

LE Caualier sentant son Cheual dans la main apres auoir commencé sa leçon à courbettes, comme dit est, & rataché entre les deux pilliers, le releuant deuant & derriere de la gaule & du poinſon, il doit au meſme temps que le poinſon approche approcher les deux gras de jambe, & en le ſouſleuant tout doucement auec, l'ayder le plus delicatement qu'il pourra des deux talons, le pinçant de telle ſorte que cela n'oblige le Cheual de ſe mettre en colere; & s'il reſpond vne fois ou deux à cette ayde, il le doit arreſter & le fort carreſſer, pour luy faire connoiſtre qu'il faut qu'il reſponde à cette ayde, comme à celle du poinſon, puis reïterer cela deux ou trois fois, & quelquefois que celuy qui tient le poinſon s'arreſte, s'il voit que le Cheual prenne les talons; car à cette heure, il ne ſert plus qu'à ſecourir les talons de celuy qui eſt deſſus, en cas que le Cheual ne les prit.

Ayant donc obey, le faut carreſſer & renuoyer au logis, luy continuant cette leçon iuſques à ce que le Caualier ſente ſon Cheual aſſeuré de ſa cadence, faire ſes ſauts eſgaux & dans la main, ſans s'abandõner ſur le caueçon, & reſpondre aux aydes du talon au lieu du poinſon; car ie n'entends pas que l'on faſſe faire autre choſe au Cheual, ny que l'on le mette ſur ſa foy iuſques à ce qu'il ſoit aſſeuré de cela & qu'il aille entre les deux pilliers, comme ie viens de dire, ny que l'on luy donne autres leçons, ſi ce n'eſtoit quelquefois pour le deſennuyer, le promener de pas, de coſté, contre vne muraille, ſe ſeruant de la main, du talon, de pas, ſur les voltes, ſans luy rien demander, ſinon autour du pillier, quelques voltes à courbettes.

Mais comme il ne ſe treuue iamais de Cheuaux de grande force & pleins de feu qui ne ſe deffendent, & ſe voyant preſſez ne ſe portent facilement dans le deſeſpoir; de ſorte qu'au lieu de reſpondre aux aydes & les ſouffrir, ils font des tours ſi harzardeux pour les hommes & pour eux, que c'eſt à quoy il faut prendre garde de prés, afin de les éuiter, & particulierement aux Cheuaux que l'on iuge pouuoir fournir à l'air des capriolles, comme eſtant plus legers, plus vigoureux, & par conſequent ſe reſſentent accompagnez de force ſuffiſante pour reſpondre à ce qu'ils voudront entreprendre, pour ſecoüer le joug de l'obeyſſance & de la ſubjection où il les faut mettre, pource qu'on deſire, eſtant beaucoup plus difficile de les reduire à la raiſon que ceux qui n'ont qu'vne force ſuffiſante pour le terre à terre ou pour les courbettes; d'autant qu'en premier lieu on ne peut forcer vn Cheual de ſauter quand il eſt au bout de ſon haleine & de ſa force, ou l'air des capriolles les met bien pluſtoſt que les autres, l'ennuye dauantage dans la continuation par la fatigue qu'en reſſent ſes reins & ſes pieds; & par conſequent eſtant neceſſaire pour ſes cauſes de faire les leçons fort courtes, il faut que le prudent Caualier trauaille à l'air des capriolles auec beaucoup plus de iugement, de patience & d'inuention qu'aux autres, ou il peut forcer ſon Cheual, recherchant ſoigneuſement toutes ſortes de moyens pour luy faire conceuoir promptement ce qu'il luy demande, ſoit par courtoiſie, ſoit par douceur, ſoit par ſurpriſe, ſoit en changeant de place où il ſeroit beſoin, ſoit en gagnant l'obeyſſance par le frequent changement de leçons, tantoſt entre les deux pilliers, tantoſt la teſte à la muraille, tantoſt dans vne encoigneure ou le long d'vne carriere ou allée bien droite; & ainſi ſe ſeruant de tous ſes moyens, des diuers mouuemens de la main, de la bride, du caueçon, des contrepoids du corps, des aydes des cuisses, des jambes, des talons, de la gaule, des bastons & du poinson, faisant joüer tous ses ressorts selon les temps que le iugement dictera: Il est sans doute qu'on gagnera sur tel Cheual que ce soit ce que l'on en desire, si quelque deffaut de nature ne l'empesche; laquelle chose estant, ce n'est plus la faute du Caualier; Si bien que l'on peut iuger par-là, ce que i'ay desia dit cy-deuant, qu'il est impossible de pouuoir dire ou escrire par le menu tout ce qu'il est besoin de faire pour reduire les Cheuaux à la perfection de ce que l'on desire d'eux: La pratique seule de la main du Caualier & de ses talons adioustée à vn excellent iugement & vn long vsage en l'exercice, est ce qui luy donnera le moyen d'executer à temps mille & mille choses qui ne se peuuent escrire ny dire que dans l'occasion & à l'instant qu'il en est besoin.

Septiesme leçon pour les Capriolles.

CHAPITRE VIII.

LE Cheual estant reduit aux termes cy-dessus, le Caualier commencera sa leçon par vne volte à courbettes autour du pillier; puis l'homme qui ayde du poinson s'approchera, & celuy qui est dessus taschera de luy faire faire vne ou deux capriolles, selon ce qu'il iugera : S'il les fait pour son ayde seule, il ne faut point toucher du poinson, sinon luy approcher doucement pour le mettre en train, & ainsi tascher de luy en faire faire deux, puis se cheminer trois ou quatre pas, puis encores deux; & ainsi cheminant & leuant, carressant le Cheual de fois à autre & ne l'ennuyant pas sur tout, il pourra peu à peu continuant en cette maniere en faire quatre ou cinq; auquel cas on le descendra & luy donnera-on ce plaisir de le renuoyer au logis, sans l'attacher entre les deux pilliers pour la premiere ou seconde iournée qu'il aura obey à cette leçon icy : Mais apres en continuant tousiours auec iugement, le le Cheual peu à peu fournira vne volte ; mais quelquefois selon la consideration du Caualier, de fois à autre il sera à propos, apres que le Cheual aura obey à l'entour du pillier, l'attacher entre les deux pilliers & finir sa leçon pour tousiours le tenir en obeyssance, & quelquefois selon le besoin le leuer à courbettes haut deuant, pour empescher qu'il ne s'abandonne sur la main.

Huictiesme leçon pour les Capriolles.

CHAPITRE IX.

LE Caualier sentant son Cheual asseuré entre les deux pilliers & sur les voltes, le tenant dans la main & dans les talons, il pourra tout doucement le promener de pas le long d'vne carriere ou le long d'vne muraille, pour ayder dauantage à son Cheual à aller droit, & l'animant doucement, s'il luy est possible, de le faire presenter de luy-mesme de gaillardise, ce sera bien le meilleur; auquel cas, si le Cheual se presente, il ne faut pas que le Caualier perde ce temps, mais bien qu'il l'accompagne de ses aydes, le regaillardissant de la voix, comme il est en train, ou bien en sifflant tout doucement la gaule & prendre de son Cheual ce qu'il voudra luy donner pour cette fois, soit cinq ou six, ou plus ou moins; puis le descendre, le carresser fort & le renuoyer au logis; & ainsi continuant, commençant le plus souuent sur les voltes, soit de son air, soit à courbettes selon le besoin, & finissant entre les deux pilliers, au iugement du Caualier, le Cheual fera bien-tost vn droict de capriolles.

Neufiesme leçon pour les Capriolles.

CHAPITRE X.

Le Cheual estant asseuré sur les voltes à l'entour du pillier & entre les deux pilliers en vne place, ie diray qu'apres auoir commencé sa leçon à l'entour du pillier ou par le droict, qu'il finisse entre les deux pilliers; où estant, & l'homme luy ayant fait connoistre de costé trois ou quatre fois, il taschera tout doucement de luy faire faire vne courbette, puis acheuer de pas, & ainsi peu à peu le mettre de costé, comme j'ay dit en la seconde leçon pour mettre vn Cheual dans le talon, à courbettes, & ce pourquoy ie desire que l'on l'achemine de costé, à courbettes, est pour deux raisons : La premiere, qu'il comprendra auec moins de trauail ce que l'on desire de luy: Et la seconde, qu'il se rendra tousiours plus leger deuant ; toutesfois si en faisant cette leçon à courbettes il se presentoit à la faire de son air, il ne l'en faut pas chastier, d'autant que c'est ce que l'on demande ; mais il faut bien auoir soin d'apporter en l'execution de ses leçons vne grande patience & consideration, prendre garde d'ennuyer le Cheual ; pource que comme j'ay dit cy-deuant, on ne le peut pas forcer de sauter, mais bien de faire des courbettes ; c'est pourquoy il faut trauailler aux leçons de capriolles auec beaucoup plus de iugement, de patience & d'inuentions qu'aux autres airs, où l'on peut forcer son Cheual ; La cause en est, qu'à cét air-là il faut que le Caualier cherche toutes sortes de moyens pour faire conceuoir promptement à son Cheual ce qu'il luy demande ; d'autant qu'il ne luy peut pas donner de si longues leçons de cette cadence que des autres, en ce qu'elles le trauaillent dauantage, & qu'il ne pourroit pas souffrir sans se trop ennuyer, ou quelquefois se desesperer.

Dixiesme leçon pour les Capriolles.

CHAPITRE XI.

APres que le Cheual obeyst de costé à l'ayde des talons de son aire entre les deux pilliers, & que les hanches cheminent deçà & delà, il faut (apres auoir comme j'ay dit cy-deuant, commencé sa leçon à courbettes pour le desennuyer à l'entour du pillier) luy mettre la teste contre le mesme pillier, & le faisant aller de costé deçà & delà de la main & du talon, tascher de luy faire faire trois ou quatre sauts, cheminant de la main & du talon; & s'il obeyt, l'enuoyer au logis & continuer doucement par quelques iours iusques à ce qu'il soit asseuré; & lors il pourra, l'ayant promené de costé, la teste contre la muraille, obeyr de son ayde, tant deçà que delà, si le

Caualier a trauaillé auec prudence pour le mettre dans la main & dans les talons, comme j'ay enseigné cy-dessus.

Vnziesme leçon pour les Capriolles.

CHAPITRE XII.

L'Homme connoissant son Cheual luy rendre obeyssance & estre asseuré de sa cadence entre les deux pilliers en vne place, au mesme endroit de costé, sur les voltes à l'entour du pillier, par le droict, & de costé la teste contre la muraille, le tout sous le bouton, se laissant conduire de la main & prenant les aydes des talons à la fantaisie du Caualier, il pourra alors luy donner leçon sur les voltes, en le promenant assez large & sans le contraindre des hanches, car à l'ayde des capriolles les hanches ne doiuent point estre dedans ny contraintes, ains seulement cheminer d'vne piste, & se doit seruir le Caualier de la main seulement, le menant rondement des hanches; puis l'ayant promené, tant à vne main qu'à l'autre, si le Cheual se presente, il doit prendre ce tẽps,

& s'aneruant dans la selle, l'ayder, & s'il le contente, l'enuoyer au logis pour luy donner plaisir, quand bien il n'auroit fait que demie volte; puis continuant cette leçon doucement en peu de iours, le Cheual le contentera sur les voltes; laquelle chose estant, & ayant reduit son Cheual à ce terme, ie luy conseille de le laisser reposer & de s'en seruir seulement à se donner du plaisir, s'asseurant qu'il se treuuera peu de Cheuaux à capriolles, qui fournissent iusques à ce point-là.

C'est pourquoy lors qu'il s'en rencontre quelques-vns, on les doit bien cherir, d'autant que dans les triomphes & dans les magnificences, aux entrées & en mille autres endroits, il n'y a rien qui donne tant de contentement & d'admiration aux regardans, & qui fasse tant paroistre vn Caualier bien droit & bien adroit qu'vn Cheual bien maniant à capriolles, qui est le plus beau de tous les airs, en ce que s'éleuant dauantage en haut il participe plus de la qualité de l'air; qu'ainsi il est plus rare, & que les choses les plus rares sont ordinairement les plus estimées, joint qu'outre tout cela la perfection du bon Caualier se connoist à reduire les Cheuaux de cét air bien plus qu'aux autres airs, pour les difficultez qui se trouuent à ceux qui sont capables d'y fournir, pour les raisons que j'ay fait voir en la pratique de ses leçons de capriolles.

De l'air d'vn pas & vn saut, & le moyen d'y acheminer vn Cheual.

CHAPITRE XIII.

L'Air d'vn pas & vn saut est vn air composé, sçauoir d'vne capriolle & d'vne courbette fort basse. Or est-il, que beaucoup de Cheuaux dispos fournissent aysément à vn pas & vn saut, en ce que le Cheual ne trauaille pas tant en cét air-là qu'à l'autre, pource que faisant cette petite courbette que nous nommons le pas, il reprend sa force, & par ce moyen continuë plus longuement ce maneige: On y peut faire accommoder le Cheual desia dressé à capriolles, comme j'ay desia dit cy-dessus; car comme vous auez remarqué, on luy a donné force leçons à courbettes à l'entour du pillier; Tellement que les sçachans desia, il ne luy coustera pas tant à prendre cette cadence d'vn pas, vn saut. Ie desire donc qu'on luy remette le caueçon, qu'on le promene de pas à l'entour du pillier, & qu'auant que commencer on le carresse, afin de luy donner à connoistre qu'encor qu'on luy ait mis vn caueçon ce n'est pas pour luy faire mal; car vn Cheual de courage qui a esté long-temps sans porter de caueçon, ny sans estre mis au pillier, se pourroit mettre en colere, si le Caualier premierement ne luy faisoit connoistre de pas doucement.

Ayant donc cheminé de pas, il doit le leuer à courbettes, puis luy ayant respondu & l'ayant carressé, il doit commencer par vne courbette, & apres raffermir l'ayde des deux talons, soustenant ferme de la main luy faire faire vne capriolle, puis laschant la main & le chassant en auant, luy faire faire vn pas, & retenant la main & aydant des deux talons, comme dit est, l'animant de la voix, luy faire faire encores vne capriolle, & ainsi faisant suiure ses aydes iusques à deux ou trois; s'il respond, le carresser fort & reprendre encores vne fois de mesme, sinon faire suiure vn homme auec vn poinçon pour secourir le Caualier

qui

qui sera dessus, & s'il respond le renuoyer au logis; S'il ne respond selon le desir de l'homme & qu'il ne se transportast, on fera la leçon suiuante.

Dixiesme leçon pour vn pas & vn saut.

CHAPITRE XIV.

SI le Cheual respond à la leçon precedente, tant mieux, sinon il le faudra attacher entre les deux pilliers & leuer à courbettes, & lors qu'il aura obey, le carresser; puis leuer vne courbette, & auec le poinçon l'homme le soustenant de la main & auec les talons, luy faire faire vn saut, car estant attaché il ne se pourra transporter en auant; & ainsi continuant auec douceur & iugement sans ennuyer le Cheual, on luy pourra bien-tost donner cette cadence, de laquelle estant asseuré, y allant librement dans la main & par l'ayde des talons, il se laissera apres facilement conduire par le droit & sur les voltes, estant desia dressé à capriolles, comme j'ay dit cy-deuant, sinon & que ce fust vn Cheual que l'on voulust com-

mencer de cét air-là ſans le mettre à capriolles, il faudra ſuiure toute la meſme methode des capriolles, & n'y a rien de different pour le faire venir au but, ſinon qu'il luy faut donner la cadence d'vn pas & vn ſault; car pour le moyen de l'adjuſter, c'eſt toute la meſme choſe.

De l'air des Balotades.

CHAPITRE XV.

LEs Balotades eſt vn air qui approche fort prés des capriolles, & n'en differe ſinon qu'aux capriolles, comme i'ay monſtré, le Cheual eſtant en l'air eſpare & nouë l'eſguillette, (comme on dit en commun langage) & aux balotades, le Cheual s'eſleue auſſi haut qu'aux capriolles; mais au lieu d'eſparer entierement, il ne le fait qu'à demy. Voila la difference qu'il y a de l'vn à l'autre, car le temps en eſt auſſi lent que des capriolles, & les aydes pareilles; Le chemin pour y faire venir vn Cheual eſt le meſme que celuy des capriolles; mais il faut que le Cheual naturellement prenne cét air, car on ne luy peut pas donner.

De l'air des Groupades.

CHAPITRE XVI.

LEs Groupades est vn air qui est la mesme chose que les balotades: Il n'y a difference aucune à la hauteur, car le Cheual s'esleue autant à l'vn comme à l'autre: & s'il s'y en peut remarquer quelqu'vne, c'est qu'aux balotades le Cheual espare à demy & monstre les fers de derriere; & aux groupades, le Cheual se trousse les jambes de derriere sous luy, comme s'il vouloit les retirer dans le ventre, & retombe presque les quatre pieds ensemble, ayant le temps plus court que celuy des balotades; toutesfois & l'vn & l'autre se nomment balotades; auquel air, comme i'ay dit, il faut que le Cheual s'y mette naturellement, & l'ayant pris, il se peut acheminer à la iustesse par la voye cy-dessus.

Apres auoir fait voir ce que i'ay estimé à propos, & ce que i'ay creu qui se pouuoit dire pour l'instruction de ceux qui ayment l'exercice duquel ie parle, & asseure derechef, comme cy-deuant i'ay fait, que le Cheual obeyssant en ce point, estoit capable d'obeyr à tout, si le Caualier trauailloit auec patience, iugement & resolution : I'ay pensé que pour n'ennuyer pas le Lecteur de trop de langage, il suffisoit seulement de luy monstrer ce qui est le plus necessaire au Caualier & au Cheual, qui sont les aydes sans lesquelles ny l'vn ny l'autre ne peuuent rien faire qui vaille, ny de bonne grace, si elles ne sont données par le Caualier & receuës par le Cheual, de la sorte que ie desire; qui est,

Que le bon & bel homme de Cheual ne sçauroit faire trop peu d'action du corps ny des jambes pour l'ayder, & doit fuïr tant qu'il pourra la mauuaise coustume de ceux qui à tous les temps branslent les jambes; de telle sorte qu'ils ennuyēt les regardans par leur mauuaise grace : Ie desire donc que le Caualier soit placé en la bonne posture que i'ay cy-deuant dite, la cuisse & la jambe bien estenduë & prés du Cheual, afin que les aydes en soient plus proches; & s'il trouue son Cheual endormy les prenant auec trop de patience, comme souuent il arriue (principalement à ceux qui les souffrẽt trop par inclination, ou bien à ceux qu'il y a fallu endormir par vn long-temps pour leur faire endurer, & mesme les pincer à tous les temps pour les obliger à les prendre grossierement) il est besoin que le Caualier sentant le Cheual en cette paresse, ou endormissement, luy donne de fois à autre de bons coups des deux esperõs ou d'vn selon le besoin, puis qu'il s'affermisse les jambes & presse fort les cuisses toutes les deux ensemble, ou l'vne plus que l'autre, selon ce qu'il iugera; & lors qu'il aura mis le Cheual en cette apprehension & qu'il sentira presser les deux cuisses, ou l'vne plus que l'autre, il maniera pour la peur & fera paroistre l'homme auec peu d'action, qui est comme ie le desire, & portera cette leçon tel profit à celuy qui la voudra bien considerer, qu'elle luy fera voir & connoistre veritablement que les talons sont les derniers aydes que nous ayons pour faire manier nos Cheuaux.

Tellement que si le Caualier peut premierement faire manier son Cheual par la seule peur; puis comme il voudra s'alentir, trouuer vne ayde dans la cuiſſe qui le releue ; & encores apres vne autre plus ferme au gras de la jambe, il ſera plus à propos de ſuiure cette methode & garder les talons pour le dernier, puiſque par cette voye le Cheual ira plus long-temps, & le Caualier paroiſtra en meilleure poſture que s'il commençoit par vn grand temps de jambes & par l'ayde des talons, qu'il doit conſeruer au beſoin, & pour la fin de l'haleine de ſon Cheual, n'y ayant rien de plus certain qu'vn homme expert en cét art & qui entendra bien les aydes, peut faire manier plus long-temps vn Cheual de quelle ſorte d'air que ce ſoit, qu'vn autre qui aura moins de pratique, & qu'au lieu de le bien ayder, l'incommodera par ſes mauuaiſes aydes.

Voila donc ce que i'ay à dire pour le maniement des Cheuaux, & pour la bonne poſture du Caualier, auec les moyens les plus briefs & les moyens perilleux pour arriuer à la fin qu'on deſire, & pour eſuiter mille hazards qui ſe rencontrent en la ſuitte de cét exercice : Que ſi ie ne me ſuis expliqué ſi clairement que ie l'aurois deſiré, on remarquera ce que j'ay dit cy-deuant, que ie n'ay point parlé, ſinon des moyens ordinaires, pour mettre les Cheuaux à la raison par nostre methode; d'autant qne si i'auois voulu particulariser & exprimer par le menu toutes les leçons desquelles nous nous seruons, il m'auroit esté impossible, pource que nostre façon de trauailler n'estant conduite que selon les occasions, il me seroit bien mal aysé de la mettre au net, en ce que les actions de l'entendement sont tres-difficiles à exprimer par escrit. Or est-il, que nostre methode consiste au iugement à faire la guerre à l'œil, changer de moment en moment d'action selon le besoin, & trauailler plustost la ceruelle du Cheual que les jambes : C'est pourquoy si ie ne m'exprime si bien par les discours, comme ie pourrois en faisant voir l'effect, que les paroles ne peuuent monstrer ; Ceux qui prendront la peine de lire ce que i'ay escrit, se contenteront, s'il leur plaist, de remarquer, que mon intention n'a esté que de declarer les principales regles de nostre methode, & faire connoistre que c'est le moyen de reüssir auec facilité, & auec briefueté de temps, à la perfection de cét exercice, que la pluspart cherchent auec vne si longue peine, au peril de leur vie, & à la ruïne de leurs Cheuaux.

Qu'il ne faut point trauailler son Cheual à autre chose qu'au maneige, dés l'heure que l'on l'a commencé.

CHAPITRE XVII.

IL y en a qui desireroient se seruir de leurs Cheuaux & les faire dresser tout ensemble; ce qui toutesfois se pourroit faire à la longue, mais ce seroit auec grande difficulté, pour plusieurs raisons, en ce que premierement ie desire que tout ce que les Cheuaux font, s'execute auec gentillesse, gaillardise & courage, ausquelles choses le trauail par pays est fort contraire, d'autant qu'il les appesantit, les lasse, & y employent la pluspart de leur force & de leur gaillardise. Tellement que reuenant apres à l'escole, tout ce qu'ils font est à regret & par contrainte; dauantage, allant par pays, il est difficile que le maistre du Cheual, s'il le sent se presenter sous luy à faire quelque chose de gayeté, ne l'anime à passer outre, & ne le taste iusques au bout pour prendre du plaisir de ce qu'il sçait; & en arriue delà, que s'il n'est n'est homme du mestier, il le desbauchera pour plus de deux mois, & peut-estre le rebutera du tout; ce qui me fait conseiller à ceux qui ont de bons Cheuaux ausquels ils veulent faire apprendre le moyen de les seruir, de donner pour vn temps trefues à toutes sortes d'exercices, tant pour esuiter aux accidens cy-dessus, que pour les faire plustost arriuer à la fin qu'ils desirent d'eux, à leur contentement & de celuy qui en aura la charge.

FIGVRE DE LA QVATRIEME PARTIE

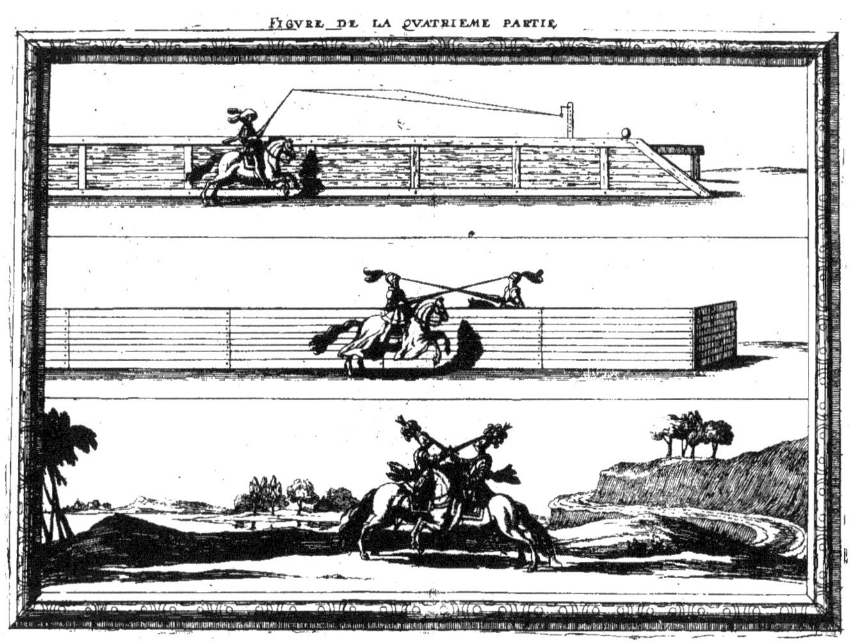

LA PRATIQVE DV CAVALIER, OV L'EXERCICE de monter à Cheual.

QVATRIESME PARTIE.

Qui enseigne à bien coure la Bague, rompre en lice, coure au Quintan, & combattre à Cheual.

De l'exercice de coure la Bague & des moyens qu'il faut tenir pour faire de belles & bonnes courses.

CHAPITRE PREMIER.

VNE des plus belles actions & des plus agreables à voir & à pratiquer à Cheual, est celle de bien coure la Bague; mais aussi ie la tiens vne des plus difficiles; pource qu'en tous exercices de plaisir qui se ſont en public, les hommes qui ont du courage deſirent y paroiſtre auec de la bonne grace, & chacun auec ambition de faire le mieux, laquelle extréme enuie emporte quelquefois l'eſprit; de ſorte qu'il ne ſonge à maintenir toutes les parties du corps dans la iuſte & bonne poſture requiſe, particulierement aux courſes de Bague. La raiſon principale eſt, que cét exercice ſe fait pour donner plaiſir aux Dames, & eſt le ſeul de tous, pour lequel elles donnent prix; Si bien que pour leur plaire, chacun taſche auec paſſion à ſe rendre agreable à toutes en general, & à quelques-vnes en particulier, & à gagner le prix, pour auoir la gloire de le demander & le receuoir auec honneur, comme le mieux faiſant de la compagnie, peut-eſtre de celle qu'ils honnorent le plus, ou ſi ce n'eſt d'elle, à tout le moins en ſa preſence. Tellement que cette extréme enuie portant tous les mouuemens de ſon eſprit à contribuer à ce deſſein, eſt cauſe que le plus ſouuent la bonne poſture ſe perd, cedant ſa place à quantité de mauuaiſes; car meſme dans l'eſchole où elle ſe doit apprendre, le deſir de bien-toſt s'y rendre parfaits, pour iouyr du contentement que ie viens de dire, porte l'eſcholier dans l'oubly de ce que celuy qui l'enſeigne luy aura dit, executant tant de mauuaiſes actions pour le deſir extréme qu'il a de s'adjuſter à emporter la bague, que ie conſeille à toute ſorte de galands hommes de ne pratiquer cét exercice en public, qu'ils ne ſoient tres-aſſeurez auparauant, afin que les Dames & particulierement les belles (qui ſe ſemble, ont plus de loy de ſe moquer que les autres) ne le faſſent à ſon preiudice : La premiere choſe qu'il faut donc que le Caualier faſſe, eſt de donner ordre d'auoir vn bon Cheual qui ayt toutes les qualitez requiſes à l'exercice duquel ie parle; puis d'vne lance proportionnée ſelon ſa taille, pource que ſans ces deux choſes il ne peut rien faire qui vaille, quelque expert qu'il puiſſe eſtre.

Quelles qualitez il faut que le Cheual de Bague aye pour bien seruir le Caualier sur la carriere.

CHAPITRE II.

LE Cheual de Bague ne doit estre ny trop grand ny trop petit, mais de moyenne & de legere taille. Les Genets & les Barbes, sont les meilleurs, s'il est possible, que le poil en soit beau & rare ; que les jambes, les pieds & les reins en soient bons, qu'il ait bon appuy & iuste à la main, qu'il soit patient au party qu'il coure, tride & aysé, qu'il arreste sans incommodité, & sur tout qu'il coure & arreste seurement, pource que de toutes les cheutes qui se font au Cheual, celles qui arriuent en courant sont les plus dangereuses, & beaucoup dauantage que quand il se renuerse; d'autant qu'en se renuersant, il se trouue volontiers en l'air & ne tombe pas droit sur le dos, si celuy qui est dessus ne luy contraint absolument; mais à la course, la cheute est si precipitée, que le plus souuent le Cheual fait vn tour ou deux sur le Caualier.

Quant à la lance, sa proportion doit estre selon la taille du Caualier; à vn grand homme, vne petite lance fort foible & courte n'auroit pas bonne grace, comme à vn petit, vne grosse lance, longue & grande, luy seroit tres malseante en la main; c'est pourquoy le Caualier de bon iugement pourra s'approprier de cette arme à la bien-seance & à sa commodité, ou plus longue, ou plus courte, ou plus grosse, ou plus menuë, selon sa taille & sa force.

La premiere chose qu'il faut que le Caualier fasse, estant muny d'vn bon Cheual & d'vne bonne lance, est de prendre garde à sa bonne posture, à bien adjuster ses estrieux & ses rennes dans la main, enfoncer son chappeau, en sorte qu'il ne tombe dans la carriere, (qui est vn des accidens plus messeant qui luy puisse arriuer, & qui rend sa course nulle) puis estant bien adjusté dans la selle, il prendra la lance de la main d'vn Escuyer ou d'vn Page, & la tenant, la maniera & la fera tourner dans sa main de bonne grace & auec facilité, pour monstrer aux regardans qu'il n'est point embarrassé de cette arme; puis en cheminant, la mettra sur le plat de sa cuisse droite, en prenant garde que le coude ne soit point trop proche du corps, ny celuy de la bride non plus: En apres, il mettra la poincte de la lance vn peu panchée en auant, la poincte vers l'oreille gauche du Cheual, la tenant tousiours en cette façon, soit arresté, soit en marchant de pas, de trot & de gallop, sans faire paroistre aucune contrainte; car en cette action il semble que l'on n'excuse pas si volontiers les mauuaises postures, qu'aux autres qui s'exercent.

Les raisons pourquoy on n'excuse pas si-tost les mauuaises actions du Caualier en courant la Bague, qu'en faisant manier vn Cheual de force & vigoureux.

CHAPITRE III.

LA raison pourquoy on n'excuse gueres la mauuaise grace de ceux qui courent la Bague, est que les Caualiers qui paroissent sur la carriere le font tout exprez & auec dessein de se rendre agreables aux Dames qui les regardent; se promettans, qu'ils ne peuuent rien faire que de bon en leurs presences, & particulierement

culierement en cét exercice, où il y a fort peu de peine & d'incommodité, estant sur vn bon Cheual qui court rondement, & qui est aisé au partir & à l'arest : Tellement que si par hazard le Caualier fait paroistre quelque geste qui ne soit de bonne grace, soit auant la course, durant icelle, ou apres, la risee s'en fait generale parmy elles, qui presupposent auec raison, que personne ne se doit presenter sur la cariere ny dans la lisse, pour leur donner du plaisir, qui n'execute gentiment auec hardiesse & de bonne façon, tout ce qu'il entreprendra, sans demeurer court, estant certain que les belles & gentilles prennent dauantage de plaisir à voir vn galand Caualier, commencer, continuer & finir vne belle course, sa lance ferme dans la main par vn beau dedans, que de considerer vn mauuais gendarme mal placé sur son Cheual, mal partir, sa lance tousiours branlante & vacillante le long de la cariere ; & au lieu d'vn beau dedans, brider la potence : Car aux autres exercices de Cheual, soit terre à terre ou à capriolles, ses maneiges se faisant auec furie, & les Cheuaux en les executant plains de fougue, cela met en apprehention les pauurettez, de crainte que le Caualier ne se fasse mal, laquelle apprehention les empesche de rechercher quelque occasion qui les puissent faire rire: Ne pouuant estant en cette crainte, remarquer si exactement les mauuaises postures de l'homme; & si par hazard il y en auoit aucune, la rudesse du maniment du Cheual seroit vne excuse legitime en leur endroit; ce qu'elles ne font nullement en l'exercice de courre la Bague; tellement qu'il faut estre bien asseuré en l'execution de ce qu'on veut entreprendre, auparauant que de se presenter deuant elles pour cét effet; car si par hazard quelqu'vn manque au moindre point, & qu'il commette vne seule faute, iamais il ne l'a peut reparer, & demeure tousiours en mauuaise reputation en leur endroit.

Pourquoy il faut porter la lance vers l'oreille gauche du Cheual.

CHAPITRE IV.

LEs maneiges releuez, n'estoient pas anciennement en vsage, comme ils sont aujourd'huy: Et en ces temps, les plus frequents exercices que les Roys & les grands Princes faisoient à Cheual, estoient de rompre des lances en lisse les vns contre les autres, pour s'accoustumer à faire la mesme chose en la guerre & aux combats pour ce mesme effect: Les Capitaines des Gens-d'armes & de Caualerie, si exerçoient dans leurs garnisons, afin de rendre eux & leurs Cheuaux experts en cét exercice pour s'en seruir au besoin; mais pour ce qu'il y a grande peine, & quelquefois du peril de coure si souuent les vns contre les autres en lisse, & encores dauantage en camp ouuert (qui est dans la campagne, sans aucune lisse) ils s'auiserent, pour esuiter cette peine & peril, de prendre vn anneau de la hauteur d'vn homme à Cheual, & le mettre du costé que pouuoit venir leur ennemy, qui est le gauche, puis armez de toutes pieces : Ils s'accoustumoient eux & leurs Cheuaux à courre iuste, & leur portoit cela tel profit, qu'ils s'adjustoient aussi bien que s'ils eussent couru l'vn contre l'autre, n'y ayant rien qui adjuste tant le gendarme à bien manier sa lance, & en faire tout ce qu'il desire, que les frequentes courses de bague, s'estant veu dans ses derniers temps vne exemple si signalée pour prouuer cette verité, que personne apres n'en sçauroit douter auec raison.

Ce que ie veux dire, est le combat des sieurs de Mariuault & de Marolles, qui se fit durant le siege de Paris, le lendemain de la mort du Roy Henry III. lequel combat s'executa au milieu de l'armée du feu Roy Henry IV. & celle de la Ligue.

La veille du combat, le sieur de Marolles ayant veu le sieur de Mariuault auec vn habillement de teste à grille, dit à ceux qui estoient aupres de luy ; si demain il se presente deuant moy la teste armée de la sorte, asseurement il y perdra la vie, se sentant tellement seur de son dire par le long vsage des courses de bagues armé ; Que le lendemain, le sieur de Mariuault se trouuant auec le mesme habillement de teste, il ne manqua pas de luy donner iustement au lieu où il auoit dit, le portant par terre roide mort sur la place.

I'ay allegué cét exemple pour faire connoistre comme quoy l'exercice ordinaire de la bague, outre ce qu'il est agreable à voir, est necessaire pour ceux qui se veulent seruir d'vne lance : Et que la raison pour laquelle elle se doit porter vn peu panchée, la pointe sur l'oreille gauche du Cheual, est que l'ennemy vient tousiours de ce costé là.

Ce qu'il faut que le Caualier fasse, lors qu'il est en bonne posture sur son Cheual, sa lance bien placée sur la cuisse.

CHAPITRE V.

IL faut qu'en conseruant cette bonne grace, qu'il chemine vers le commancement de la cariere, & que lors il s'areste le dos tourné vers la bague, & que là il demeure iusqu'à ce qu'elle soit adjustée : Puis il doit leuer sa lance de desſus ſa cuiſſe de deux doigts, ſans que perſonne s'en apperçoiue, & laiſſera à l'inſtant prendre vne demie volte terre à terre à ſon Cheual, à main droite en entrant dans la cariere : Puis ſera quelqu'vne des belles actions de la lance en partant, que ie diray cy-apres, & continuera la courſe de bonne grace iuſqu'à l'areſt, qu'il executera auec la meſme gaillardiſe & gentilleſſe ; & ſe remarquera qu'il n'y a que trois principales choſes pour acquerir la reputation d'eſtre beau & bon gendarme, qui ſont la grace & l'air de la lance au partir, la deſcente douce & ferme tout le long de la courſe, & la meſme grace vigueur & gentileſſe à l'areſt.

De quelle longueur il faut que ſoit la cariere, & de qu'elle hauteur la bague doit eſtre miſe & adjuſtée.

CHAPITRE VI.

LA longueur de la cariere doit eſtre meſurée ſelon la viſteſſe & la force du Cheual, ſi le Cheual eſt fort viſte, la cariere doit eſtre plus longue, ſi moins viſte, plus courte ; mais pour les Cheuaux les plus vistes, cent pas de course, iusqu'à la bague suffisent, & trente pas d'arest; & pour les Cheuaux de bague qui courent tride & n'auancent pas tant, quatre-vingts pas de course suffisent, & vingt pas d'arest.

La hauteur de la bague doit estre iustement vn peu au dessus du sourcil gauche, d'autant que les Cheuaux se baissent tousiours en courant: c'est pourquoy il l'a faut laisser vn peu plus bas; car qui l'a mettroit au dessus de la teste, elle se trouueroit trop haute en courant, & ne se pourroit-on pas si facilement adjuster.

Pourquoy il est plus à propos de tourner à main droicte, en entrant en la cariere; & la raison pour laquelle il faut plustost commencer sa course, en prenant la demie volte à main droicte qu'aresté.

CHAPITRE VII.

IL y a plusieurs Gens-d'armes qui disputent à quelle main il faut faire tourner le Cheual en entrant dans la cariere; mais moy ie ne trouue nulles raisons en leurs disputes, & conclus hardiment qu'il faut tousiours tourner à main droicte ; parce que la pluspart des Cheuaux s'esloignent ordinairement de la muraille, & quasi tous partent auec impatience, qui est cause que d'eux-mesmes, tournant à main droicte, ils se jettent au dedans vers la muraille : Que si on tournoit en partant à main gauche, l'impatience jetteroit asseurement le Cheual trop en dehors, esloigné de la muraille & de la piste de la cariere, qui rendroit la course fausse & de mauuaise grace, estant trop esloignée de la bague : Les raisons qui m'obligent à conseiller au Gendarme de commencer sa course en tournant, sont deux. La premiere, qui se trouue fort peu de Cheuaux qui ayent accoustumé de coure, qui puissent demeurer en patience dans la cariere, la teste vers la bague, tant l'inquietude d'acheuer leur course les presse de commencer, laquelle inquietude il est tres-mal-aisé d'empescher & de disputer auec son Cheual sur la cariere, la lance en la main & prest à partir; car outre qu'ils auroient tres mauuaise grace; cela ne se pouroit faire, sans que l'homme sortit de sa bonne posture, qui rendroit son partir des-agreable & sa course mauuaise:

L'autre

l'autre, que partant en tournant, outre que ses accidens sont esuitez; cela tesmoigne plus de vigueur au partir, & donne plus d'air au Caualier, que non pas de commencer de sang froid.

Qu'il se peut faire plusieurs actions de la lance au partir, & de quelle sorte le gend'arme doit commencer sa course.

CHAPITRE VIII.

I'Ay desia dit qu'il faut auparauant que commencer sa demie volte à main droite, leuer la lance de dessus la cuisse de deux doigts, sans que personne s'apperçoiue qu'elle soit hors de sa place: A present, ie vous diray qu'il se pratique quatre sortes d'actions de la lance au partir, desquelles chacun se peut seruir selon sa fantaisie & selon le besoin; car encores qu'vne action au partir, peut suffire au gend'arme pour faire vne belle & bonne course: Neantmoins la diuersité qui n'est point fausse, ny contre les regles des belles & bonnes courses, est tousiours bien-seante, & fait estimer celuy qui execute choses differentes auec liberté & sans contrainte, sçauant en l'exercice duquel ils se mesle.

La premiere action de la lance.

CHAPITRE IX.

LA premiere action s'execute en cette sorte, c'est qu'en mesme temps que le Cheual fait le premier eslan dans la carriere pour commencer sa course, le gendarme doit leuer sa lance du mesme endroit qu'elle est, tout d'vn coup, auec vigueur, sans qu'il remuë autre chose que le bras, & doit placer sa main vis à vis de son oreille droicte, prenant garde de n'escarter pas tant le poing, que la lance fust trop esloignée du visage, ny aussi de le serrer si prés que la face fust couuerte, suffisant seulement que le gendarme se voye sans qu'il y aye d'interualle entre sa lance & son visage; puis la lance estant placée en cét endroit, l'y laisser dix ou douze pas dans la carriere auant que commencer à l'abaisser; apres laisser descendre tout doucement, en ramenant le poing en sa place, proche l'arrest de la cuirasse, & en s'adjustant à la bague; laquelle passée, il faut leuer la poincte droite en l'air, escartant vn peu le bras en dehors, en leuant, mais si peu, qu'il n'y paroisse, & du mesme air & vigueur que le partir; puis arrester le Cheual de bonne grace iuste & droit sur la carriere, & arresté, remettre la lance sur sa cuisse, ou la donner à vn escuyer ou page, pour la rapporter proche du partir.

La seconde action de la lance.

CHAPITRE X.

LA seconde est presque semblable à cette premiere, la difference qu'il y a est, que quelques-vns trouuant de la difficulté à ramener le poing en sa juste place de l'arrest de la cuirasse, en mesme temps que la pointe de la lance baisse, ce moyen est propre pour leur faciliter la course en cette sorte. Lors que la lance est au point du partir que j'ay dit cy-dessus, à l'instant mesme & presque d'vn temps, il faut remettre le poing en la place de l'arrest de la cuiraſſe, ſans toutesfois laiſſer tomber la poinĉte de la lance que le poing ne ſoit placé, puis on acheue la courſe & l'arreſt de la meſme ſorte cy-deſſus.

La troiſieſme action de la lance.

CHAPITRE XI.

LA troiſieſme n'eſt pas ſi difficile que la premiere, & ſe fait pour s'en ſeruir en deux occaſions; ſçauoir eſt, quand on court par vn grand vent, ou quand on rompt en lice, elle s'execute en cette façon; entrant dans la carriere au lieu de leuer la lance, il faut eſcarter vn peu le tronçon ſans gueres bouger le poing de ſa place, & le paſſer pardeſſus l'arreſt de la cuiraſſe (ou à l'endroit auquel il doit eſtre ſi on court deſarmé) ſans faire plus grande action qu'vn petit demy cercle, pour mettre ſeulement le tronçon de la lance ſur l'arreſt ſans qu'il y touche, faiſant le meſme partir quand on court par vn grand vent, pource qu'en pareil temps il y auroit crainte que leuant la pointe de la lance haut, le vent la prenant, la portast trop en dedans ou trop en dehors, ou la fist renuerser en arriere : Toutes lesquelles choses seroient tres-mal seantes, la lance estant donc sur l'arrest, au lieu que cy-deuant on ne commençoit à baisser que dix pas en la carriere, & que iusques-là, la poincte demeuroit ferme, à celle-cy il faut commencer à laisser tomber la pointe dés que la lance est en sa place, afin qu'en rompant en lice on soit plustost prest & adiusté pour rompre, & qu'en courant la bague par vn grand vent, qu'il n'oste la lance de sa place, si elle demeuroit tant soit peu en l'air sans baisser.

La quatriesme action de la lance.

CHAPITRE XII.

LA quatriesme est la plus difficile à bien executer, mais aussi estant bien faite, elle a meilleure grace qu'aucune des autres ; & afin de la donner mieux à entendre, il faut considerer en premier lieu la lance sur la cuisse ; puis quand le Chual est prest à prendre sa demie volte à main droite, & la lance leuée de deux doigts, comme cy-deuant est dit, le Cheual ayant pris vn quart de volte & monstrant le costé droit dans la carriere, faut laisser tomber le poing le long de la cuisse & la lance en son contrepoids dans la main, la pointe tousiours sur l'oreille gauche du Cheual; puis dés qu'il met la teste dans la carriere, faut eslargir le poing de la lance, en montant & eslargissant d'vn mesme temps à bras estendu, faire vn demy cercle, & placer iustement la main proche de l'oreille droicte au mesme lieu du premier partir, sans que pour tout cela la lance sorte de la iuste ligne, qui tombe droictement à l'oreille gauche du Cheual. Le reste de la course s'acheue comme la premiere & l'arrest semblable; car ie ne conseille point à l'arrest de faire comme beaucoup, lesquels ayans passé la bague au lieu de leuer la lance en haut, ils font le contraire & baissent le poing, comme s'ils vouloient donner vne estoquade à la fesse de leur Cheual; laquelle chose, outre qu'elle est de tres-mauuaise grace, est du tout fausse, pource qu'il en peut arriuer accident, qui obligeroit la compagnie à rire & qui desplairoit à celuy auquel il seroit aduenu; qui est qu'en retirant ainsi le bras en arriere auec force, si par hazard mettant vn dedans il n'estoit du tout franc, & qu'il n'y eust que le bout de la pointe de la lance dans la bague, en la retirant auec force en arriere: Il n'y a nul doute que la bague tomberoit, & par consequent le dedans perdu pour le gend'arme; ce qui ne seroit arriué, leuant la lance en arrestant, comme ie l'ay cy-deuant dit.

Tout ce qu'il est necessaire au gend'arme de pratiquer pour bien commencer, continuer & finir sa course, afin d'estre estimée belle & bonne.

CHAPITRE XIII.

CE n'est pas tout au Caualier d'estre bien placé dans la selle, ny de bien porter sa lance au partir, durant sa course, & à l'arrest; mais il faut qu'il songe à faire en sorte que l'enuie de gagner le prix ne luy fasse perdre sa bonne posture du corps & des jambes: Du corps en portant l'espaule droicte en arriere, & le visage de trauers, ce qu'on nomme faire l'albalestrier: au contraire, faut le porter droit &

la face aussi, ne faire aucune grimace des yeux ny de la bouche, ne branler & ne baisser la teste en passant sous la bague, ne battre son Cheual pendant la course, mais tenir ses jambes fermes & non essloignées ; bref, estre iuste, droit & libre sans affectation.

Quel est l'exercice de rompre en lice, & de quelle sorte d'armes il faut que le Gend'arme soit armé.

CHAPITRE XIV.

ANciennement les Caualiers rompoient des lances dans la campagne à camp ouuert sans lice, mais il en arriuoit tant & de si grands accidens, soit par la perte de la vie des hommes & des Cheuaux, que pour esuiter à ses maux, on a inuenté premierement vne haute lisse, qui couure le Cheual & l'homme iusques à l'arrest de la cuirasse ; puis on trouua les basses lices de la hauteur du gras de la jambe du Caualier, qui seruent pour empescher que les Cheuaux sur lesquels on a souuent rompu des lances & qui craignent le choc, ne s'escartent

tent de la carriere; & pour autant que les hommes, nonobstant toutes ces choses, ne laissoient souuent de se faire mal par les grands coups qu'ils receuoient dans leurs habillemens de teste, qui mettoit souuent leur vie en hazard, on trouua moyen de s'armer contre ces perils : Premierement, d'arrester la salade au deuant & au derriere de la cuirasse, auec deux bons auis, puis vn plasteron tout d'vne piece, qui couure le deuant de la cuirasse; sçauoir est tout le costé gauche & l'espaule iusques au gantelet & le costé droit iusques à l'arest, laissant le bras de la lance libre & la salade, iusques à l'endroit de la veuë : Tellement que l'homme armé en la sorte est hors de ces dangers, mais aussi il ne peut hausser, baisser, tourner la teste, ny remuer l'espaule gauche ; seulement il luy reste le mouuement depuis le coude, pour pouuoir arrester son Cheual ; & sert cette sorte d'armes, à ce que les coups de lance donnez à l'endroit de la gorge & au dessus, ne sçauroient renuerser la teste arrestée par les deux auis, & par ce plastron que les gens d'armes nõment la haute piece, laquelle garde aussi que les coups portez ne puissent nuire au Caualier armé de la sorte.

Comme quoy il faut que le gendarme monte sur son Cheual.

CHAPITRE XV.

IL seroit bien difficile au gendarme armé de la sorte de pouuoir monter sur son Cheual, si on n'y auoit pourueu : C'est qu'aux triomphes & aux tournois, où il est question de rompre des lances, il y doit auoir aux deux bouts de la lice vn échaffaut de la hauteur de l'estrieux, sur lequel eschaffaut y aura vne celle, ou deux ou trois personnes peuuẽt tenir; sçauoir est le gendarme, vn armurier pour l'armer, & quelque autre pour luy ayder, estant necessaire en ces actions perilleuses que l'armurier soit tousiours proche pour armer les combattans, afin que rien ne manque & que tout soit iuste ; puis l'homme estant armé, on luy amenera son Cheual proche de cét eschaffaut, sur lequel il se peut facilement placer pour commencer sa course : Car il est à remarquer que pour rompre des lances en lice, il ne faut pas commencer sa cariere en tournant, pour deux raisons:

La premiere, qu'estant pesamment & incommodément armé, le gend'arme pourroit se des-adjuster de sa bonne posture, qui luy porteroit grand preiudice au rencontre furieux de son ennemy: La seconde, qu'il faut partir tous deux ensemble, afin de se rencontrer au milieu de la lice, ou d'ordinaire se placent, tous vis à vis le Roy, la Reyne, les Princes & Princesses & les plus Grands ; ce qui ne se feroit pas iustement, si on commençoit sa course par vne demie volte : C'est pourquoy il faut que les Cheuaux pour faire cét exercice, soient grandement patiens au partir & accoustumez de demeurer arrestez, la teste dans la cariere, & sans inquietude, tant qu'il plaist au gendarme.

Quels Cheuaux sont les plus propres à cét exercice.

CHAPITRE XVI.

LEs Cheuaux les plus vistes sont les meilleurs & ceux qui font receuoir le plus grand choc, pourueu qu'ils soient assez forts de reins & de jambes pour les soustenir, qui me fait estimer les forts coursiers, ou les Cheuaux d'Allemagne, ou de taille pareille; Les plus propres qui ne se rebutent pas si-tost des rudes rencontres que les Cheuaux d'Espagne & les Barbes, qui ne pourroient porter le gendarme si pesamment armé.

Ce qu'il faut que le gendarme fasse pour bien executer sa course, lors qu'il est bien armé sur son Cheual & la lance en la main, prest à la commencer.

CHAPITRE XVII.

I'Ay desia dit qu'il estoit besoin que les deux gendarmes partissent ensemble pour se rencontrer au milieu de la cariere; & partant, ie veux qu'ils fassent la quatriesme leuée que j'ay cy-deuant declarée dans les courses de bague, & qu'en mesme instant ils posent l'arest de la lance sur l'arest de la cuirasse, & au lieu de laisser tout doucement tomber la pointe de la lance, i'entends qu'elle soit tout à fait à la place pour rompre, vingt pas auant que rencontrer son ennemy, afin d'auoir plus de loisir de s'adjuſter & donner au lieu que l'on deſire, pour rompre de bonne grace, & de prendre garde de ne ſerrer pas la lance dans la poignée, afin qu'elle ne bleſſe la main qui ſe trouueroit ſerrée; ce qui arriue aſſez ſouuent à ceux qui ne ſçauent pas ce ſecret : Il ſuffit ſeulement que la main ſerue pour ſouſtenir la lance ſur l'areſt de la cuiraſſe; puis la lance rompuë, ſi elle ſe briſe prés de la poignée, il faut faire ſon areſt de bonne grace, en leuant le reſte du tronçon, qui demeure dans la main; & l'areſt fait, le ietter hors la lice dans le camp ; mais ſi la lance ſe rompoit dans la poignée, il faut en faiſant ſon areſt de bonne grace, hauſſer la main & ſecoüer le gantelet, pour monſtrer aux regardans que l'on n'eſt pas eſtonné du choc.

En quel endroit il faut que le Gendarme rompe son bois, pour faire mieux paroistre sa course.

CHAPITRE XVIII.

LE vray endroit pour rompre de bonne grace, est de rompre depuis la veuë iusques à l'espaule du costé gauche, mais les meilleurs coups sont dans la teste.

Quels sont les deux arests, celuy de la cuirasse & celuy de la lance.

CHAPITRE XIX.

L'Arest de la cuirasse est vne petite piece de fer longue de demy pied & large de deux doigts, attachée à deux bons aius au costé droit de la cuirasse quatre doigts au dessus de la ceinture, qui auec vne charniere se plie pour n'incommoder le bras du Caualier hors des lices, lequel arest le gendarme abaisse quand il veut courre. Celuy de la lance est vne forte couroye de cuir, large d'vn bon doigt, qui fait deux tours à l'entour du tronçon de la lance, proche le derriere de la main; auquel lieu elle est cloüée de bons cloux tout autour, & sert cét arest pour poser au dessus de celuy de la cuirasse, d'autant que sans cela la main ne seroit assez forte pour rompre de grosses lances de guerre, & si par hazard quelque mauuais gendarme manquoit de faire tenir l'arest de la lance sur celuy de la cuirasse lors du rencontre, il n'y a nul doute qu'il se romproit le poignet de la main.

Ce que c'est que l'exercice de rompre des lances à la quintaine, pourquoy & comme quoy il se pratique.

CHAPITRE XX.

QVelquefois les Caualiers se lassent de faire vne mesme chose, de rompre en lice les vns contre les autres, ils y treuuent trop de peine & quelquefois du mal pour le continuer si souuent: De courre la bague, ils y prennent bien plaisir & peu souuent s'en lassent, mais ils n'estiment pas cét exercice assez martial ; C'est pourquoy les plus inuentifs ont trouué vn milieu, qui est vne figure d'homme qu'ils placent au mesme endroit que celuy qui courroit en lice contr'eux, & de la mesme hauteur ; & là armez, ils rompent leurs lances, s'adjustans contre cette figure d'homme qu'ils nomment quintan, tout aussi bien que contre vn gendarme naturel ; & en cette sorte ils rencontrent vn milieu entre la furie de rompre en lice les vns contre les autres, & la gentillesse de la course de bague : L'endroit pour rompre est dans la teste, les meilleurs coups sont au dessus des yeux dans le front, les moindres au dessous ; & si quelque mauuais gendarme donnoit dans vn escu, que le quintan porte au bras gauche, il tourne sur vn piuot & frappe volontiers celuy qui s'est si mal seruy de sa lance, lequel courant en partie est mis dehors, & perd ses courses, pour punition de sa mauuaise action. On peut à cét exercice faire celle qui plaist le plus des quatre leuées que j'ay dites cy-deuant, pour les courses de bague, pource que les lances desquelles on court contre le quintan sont foibles & se peuuent rompre sans arests, mesme me le plus ſouuent on s'y exerce en pourpoint.

Quel eſt l'exercice de combattre à Cheual dans les grands tournois & triomphes qui ſe font en la preſence des grands Roys, & comme quoy il ſe peut entreprendre.

CHAPITRE XXI.

POur faire cét exercice comme il eſt requis, il eſt beſoin que le Cheual l'entende & que le Caualier le ſçache mener de bonne grace; car pluſieurs ſe trouuent, leſquels font rire la compagnie par leurs geſtes ridicules, de ſorte qu'il vaudroit mieux à telles gens demeurer dans leur logis, que d'entreprendre ce qu'ils n'entendent pas, acquerant par ce moyen reputation d'ignorans & d'imprudens tout enſemble.

Ce qui est requis au Caualier & au Cheual pour bien faire.

CHAPITRE XXII.

IE diray premierement que sans vn bon Cheual qui aye toutes les parties requises en cette action, le meilleur Caualier du monde & le plus adroit n'y sçauroit acquerir que de la honte; Il faut donc qu'il soit de taille assez forte, & non trop foible, proportionnée à celle du Caualier, & qui le puisse franchement porter armé, qui soit patient & vigoureux, se laissant conduire de la main & des talons, au gallop, à toute bride, arrestant iuste & ferme, maniant terre à terre vigoureusement sur les passades furieuses, sur les demies voltes & sur les voltes, faisant toutes ces actions à toutes les fois qu'il plaist au Caualier, soit large ou estroit, long ou court, sans se mettre en colere, pour la bride, pour les talons, ny pour quoy que ce soit, & sans auoir peur des trompettes, tambours, des armes, ny d'aucuns instrumens de guerre.

Quant à l'homme, il faut tousiours qu'il soit droit & bien placé dans la selle, auec liberté & sans aucune affectation, soit en faisant partir son Cheual de la main, en le faisant manier ou en l'arrestant. Bref, ie veux qu'il paroisse aussi libre dans ses armes, comme s'il estoit en pourpoint, & qu'il fasse toutes les actions du combat auec la mesme liberté, n'imitant pas quantité de personnes qui marquent de la teste, du corps, des bras & des jambes, tous les temps que font leur Cheual, soit au gallop, soit terre à terre, haussant le bras de l'espée à contretemps, ou le laissant immobile, criant perpetuellement ou parlant à leurs Cheuaux, en pourpoint il est quelquefois permis d'animer le Cheual de la voix, aux combats de la guerre le Capitaine peut faire le semblable à ses compagnons, mais à ceux qui se font sur la carriere pour le plaisir; le Caualier ne doit parler ny à son Cheual ny à son ennemy, ains doit songer seulement à commencer, continuer & finir de bonne grace ce qu'il a entrepris, afin de remporter auec applaudissement des regardans, l'honneur & la gloire que merite celuy qui s'en acquitte dignement.

Quand les Caualiers experts ont de bons Cheuaux & bien adroits, ce qu'ils doiuent faire pour bien combattre de bonne grace.

CHAPITRE XXIII.

IL faut qu'ils se placent au lieu marqué pour le combat, qui doit estre entre la lice & l'eschaffaut du Roy; que là ils se mettent à quarante pas de distance l'vn deuant l'autre, l'espée en la main, en mesme posture que cy-deuant j'ay dit, qu'il faut tenir la houssuye estant arresté & demeurant ferme, attendant le son des trompettes pour partir, lequel signe ne doit plustost commencer, que chacun serrant les deux talons à son Cheual, baissant la main de la bride de trois doigts & haussant le bras de l'espée, doit eschapper furieusement, passer le plus prés de son ennemy que faire se pourra, & en passant donner vn coup d'espée, non sur la teste à plein, de crainte que ne rencontrant l'homme on blessast le Cheual, mais sur le deuant de la face, tirant vn peu vers le costé gauche; puis du mesme endroit d'où son

Cheual est party prendre vne demie volte à courbettes; car c'est-là, comme cy-deuant j'ay dit, ou les belles passades releuées sont necessaires, afin que si quelqu'vn des deux acheue de tourner le premier, qu'il attende que son ennemy aye fait le semblable, son Cheual demeurant en vne place en la belle action des courbettes, & estant tous deux tournez repartir en mesme temps, se rencontrer, se donner encores chacun vn coup d'espée & continuer de la sorte iusques au troisiesme rencontre.

Ce qu'il faut que fassent les combattans à ce troisiesme rencontre.

CHAPITRE XXIV.

IL faut que les deux combattans soient d'accord au troisiesme rencontre, qu'au lieu de passer outre pour aller prendre la demie volte, de demeurer & tourner tous deux sur les voltes vis à vis l'vn de l'autre; se donnant continuellement) en s'attendant, afin de ne s'embroüiller) des coups d'espée, auec vne action furieuse, & continuer iusques à la troisiesme volte;

puis ayant iustement la teste du costé qu'ils sont entrez, chacun s'en doit retourner furieusement d'où il est party, faisant mine d'aller reprendre vne demie volte, au lieu dequoy deux autres au mesme instant rempliront la place & feront le semblable.

Voila comme quoy les Caualiers doiuent combattre au grand tournois & triomphes, pour se faire estimer; car en ces rencontres ils se peuuent donner de si grands coups d'espées, que celuy qui n'est bien adroit à les receuoir court bien souuent fortune d'acquerir de la honte au lieu d'honneur; & pour prouuer mon dire, Monsieur le Connestable de Montmorency n'estant encores que Mareschal de France nommé le Mareschal Danuille a donné deux coups d'espée en pareille occasion de tournois & de triomphes, si rudes, que du premier il reuuersa vn Prince sur la croupe de son Cheual; & de l'autre, il porta par terre hors de la selle vn Seigneur de qualité, qui auoit reputation d'estre vn des meilleurs hommes de Cheual de son temps.

Le premier coup fut donné à Bayonne, quand la Reyne d'Espagne y fut trouuer le Roy

Charles ſon frere ; & l'autre en cette ville de Paris au petit Iardin, qui eſt derriere le Louure, aux combats qui furent faits du temps des nopces de feu Mõſieur de Ioyeuſe & tous deux en preſence du Roy, de la Reyne ſa Mere, & de tous les Princes, Princeſſes, Seigeurs & Dames de la Cour; Auſſi deuons nous cette loüange à ſa memoire, en diſant de luy que ç'a eſté le plus adroit à Cheual & à tous exercices d'honneur & de vertu de tous ceux qui ſe ſont rencontrez de ſon temps.

Fin de la quatrieſme Partie.

LA PRATIQVE DV CAVALIER, OV L'EXERCICE de monter à Cheual.

CINQVIESME PARTIE.

Qui declare quelles sont les emboucheures les plus propres pour les Cheuaux, auec les considerations necessaires pour s'en bien seruir.

Des emboucheures les plus propres pour les Cheuaux.

CHAPITRE PREMIER.

TANT d'excellens Caualiers ont parlé de la sorte, qu'il falloit emboucher les Cheuaux, & particulierement le Seigneur Pietre Antoine Ferare, Gentil-homme Napolitain, en a escrit si dignement & auec tant de soin & de iugement, qu'il est impossible de faire mieux : C'est pourquoy ceux qui seront curieux de voir grand nombre d'emboucheures de diuerses façons, pourront ietter l'œil (si bon leur semble) sur ce qu'il en a mis en lumiere. Pour moy, ie me contenteray de dire, que la meilleure qui se puisse rencontrer est celle qui ne fait point de mal dans la bouche du Cheual, conduit par la bonne main du Caualier & par la bonne escolle qu'il luy donnera; car de croire (comme il y en a plusieurs) que la bride seule soit celle qui asseure la teste du Cheual & qui le fasse aller & tourner au gré du Caualier : Ce sont des contes trop absurdes, car tout ainsi que la diuersité des esperons, soit piquants ou mornez, ne font pas manier les Cheuaux s'ils ne sont placez aux talons de quelques-vns qui s'en puissent bien seruir: Tout de mesme, la diuersité des brides n'accommode pas la teste ny la bouche des Cheuaux, si la main de celuy qui s'en sert n'est experimentée en l'exercice; neantmoins, il est necessaire de donner de la commodité & du plaisir au Cheual le plus que faire se pourra, estant certain qu'il y a des emboucheures qui peuuent seruir aux vns, qui ne seroient pas propres aux autres, & qui au lieu de leur estre agreable dans la bouche leur apporteroit de l'ennuy. Pour cette cause, ie dis que le principal effect du mors consiste en la branche longue ou courte. flacque ou hardie, l'œil haut ou bas, droit ou renuersé.

Comme pour exemple, si le Cheual porte le nez trop haut, faut que l'œil soit vn peu haut, le bas de la branche iettée en auant; ce qui s'appelle hardie, qui est propre pour ramener la teste du Cheual; si au contraire le Cheual porte la teste trop bas, il faut que la branche soit flacque, iettée en arriere & l'œil bas; mais si naturellement il porte bien sa teste, il sera besoin que les branches soient iustes par ligne droite, depuis le banquet iusques au touret de l'anneau de la renne. Quant à l'emboucheure, la pratique m'a appris qu'vne douzaine au plus, suffisent pour toute sorte de Cheuaux : sçauoir vn Canou simple, montant peu ou beaucoup ou auec vne pignatelle ; c'est à dire que le pas d'asne tresbuche en arriere, qui ne peut offenser le pallais de la bouche du Cheual ; la seconde, vne escache à pas d'asne, tresbuchant de mesme ; la troisiesme, vne escache à deux petits melons à couplet, montant garny d'annelets rayez ; estant à noter que tous les pas d'asne en doiuent estre garnis, pour donner plaisir à la langue du Cheual ; la quatriesme tout de mesme, excepté que l'escache doit estre de la forme d'vn petit bâtonnet, & les melons vn peu plus hauts, comme balotes ; la cinquiesme, deux melons auec deux petits anneaux derriere à pas d'asne, tout d'vne piece ; la sixiesme, deux poires fort estroites auec deux petites balotes prés du pas d'asne, qui tresbuche des deux costez ; la septiesme des poires coupées à pas d'asne ; la huictiesme, deux poires renuersées à la Pietro Antonio, le pas d'asne prenant entre la branche & la poire ; la neufiesme, vne pluuinelle, qui est l'embouchcure toute d'vne piece à peu prés, comme vne simple genette ; la dixiesme toute semblable, sinon deux petites balotes fort estroites, enchassées dans l'ombouchcure ; l'vnziesme, vne bastarde qui tient de la genette & de la françoise, qui est de l'ouuerture, & non point le pas d'asne, la gourmette estant tout d'vne piece, de façon qu'elles soustient iuste le mors ; la douziesme, vne genette, que j'estime estre propre pour les haquenées, Cheuaux de pas ou de chasse, pource que cela les rend plus legers à la main; mais pour bien ordonner vn mors à vn Cheual qu'on veut emboucher, il faut sçauoir connoistre ce qu'il a besoin pour sa commodité & celle du Caualier.

Premierement, que le Cheual ayt la commodité de la langue qui luy est necessaire, que l'emboucheure porte iustement sur le coin des gensiues; puis si la leure est trop grosse, la separer d'auec la gensiue auec les annelets, y avant quantité de Cheuaux qui mettent la leure sous l'emboucheure; & par ce moyen ostent l'effet. En apres, il faut bien approprier les branches à l'emboucheure, courtes, longues, flacques, ou hardies, l'œil haut ou bas, selon que le requiert la forme de l'encolure & la posture de la teste du Cheual, prendre garde aussi sur toutes choses que la gromette porte & repose en sa place, qui est le petit ply sous la barbe du Cheual; & si par hazard le crochet de la gourmette pinsoit la leure, il le faudra fort courber en haut vers la branche du mors, ce qui arriue fort souuent; principalement quand l'emboucheure est vn canon, à cause de sa rondeur, qui enfle & releue la leure.

Confiderer en outre fi la bouche eft beaucoup fenduë, & en ce cas luy mettre du fer dauantage dedans, ou bien mettre la tranchefille plus haut prés de l'œil de la branche, voire dans l'œil mefme s'il eft befoin: Si auffi la bouche eft peu fenduë, luy faudra mettre peu de fer dedans, & s'il eft befoin ofter la tranchefille du tout; fi le Cheual ouure la bouche par trop, le pas d'afne à la pignatelle luy fera plus propre, pource qu'il trefbuche en arriere fur la langue, ayant efté inuenté tout exprés pour cét effet, & pour n'offenfer le pallais de la bouche du Cheual, fi il tourne la bouche en façon de fifeaux deçà & delà.

Les emboucheures d'vne piece font les meilleures & neceffaires pour empefcher cette action mal-feante, & a tels Cheuaux ferrer fort la muferolle; toutes lefquelles chofes font fi neceffaires d'obferuer foigneufement, que manquant en la moindre partie, la bouche du Cheual & la main du Caualier ne peuuent auoir leur commodité parfaite.

Voila donc en termes generaux ce que ie iuge pour emboucher toutes fortes de Cheuaux, tant pour la proportion des branche, que du dedans de la bouche du Cheual, en y adiouſtant ou diminuant, auançant, reculant ou changeant quelque piece de l'emboucheure; car pour la gourmette, encores qu'il s'en faſſe de plusieurs façons, ie ne me ſerts que de l'ordinaire bien proportionnée, excepté quand le Cheual à la barbe deſliée, tendre & fort ſenſible, il y en faut approprier vne de cuir, iuſques à ce qu'il ſoit du tout ferme de teſte, eſtant tres-neceſſaire de bien adiuſter cette piece, principalemeut à ceux qui n'ont que la peau ſur la barbe, & point de petit ply pour tenir & empeſcher qu'elle ne monte pas trop; ce qui ſe rencontre quelquefois en beaucoup de beaux & bons Cheuaux; mais pour y remedier, il faut tenir les crochets de la gourmette vn peu longs & courbez, & par conſequent, les mailles ou anneaux plus courts; & s'il eſt beſoin, mettre vn petit annelet au deſſus de chacun des deux crochets dans l'œil de la branche du mors, qui empeſchera le crochet de ſe ſouſleuer & le contraindra de demeurer touſiours bas en ſa place, que ie trouue eſtre le plus grand ſecret pour adjuſter la gourmette.

Quant à la meſure & proportion des mors,

tant des branches que des emboucheures, il ne s'en peut parler qu'en general, pource que chaque Cheual portant la iuste mesure de sa teste, de sa bouche, de sa bonne ou mauuaise posture & de son encolure, c'est au prudent & iudicieux Caualier d'approprier l'emboucheure & la branche selon ce qu'il connoistra estre expedient pour la commodité de luy & de son Cheual. Voila donc ce que j'ay creu le plus necessaire pour emboucher les Cheuaux, & ce qui m'empeschera que ie ne m'estende dauantage en cette recherche, joint qu'ayant esprouué le peu de profit que la quantité d'emboucheures apporte, cela m'a obligé de m'arrester à ce que j'ay trouué le plus vtile, pouuant dire auec verité n'auoir iamais veu de Cheuaux, qui auec la bonne escolle, ne se soient accommodez & demeurez en bonne action auec l'vne des emboucheures cy-dessus nommées.

Ce

Ce que i'estime estre necessaire de pratiquer pour instruire les Cheuaux en ce bel exercice.

CHAPITRE II.

APres auoir parlé des moyens de reduire les Cheuaux par nostre methode, que j'estime, comme j'ay desia dit, la plus aisée, la plus certaine, la plus briefue & la moins perilleuse pour les hommes & pour les Cheuaux, j'ay creu n'estre pas hors de raison si ie dis aussi ce qu'il me semble pour instruire ceux qui ont desir d'apprendre ce bel exercice.

Ayant obserué que la plusport de ceux qui l'enseignent parlent beaucoup à leurs escoliers, ie puis dire auec verité que j'ay reconnu par la pratique & par la raison qu'il faut faire tout le contraire ; ce qui me porte à dire hardiment qu'on peut plus dresser d'hommes en parlant peu & quand il est temps, qu'en criant à toutes heures, comme plusieurs de ceux qui enseignent ont accoustumé, ne croyant pas (beaucoup y a-il) estre dignes d'estre appellez escuyers, si de momens en momens ils n'vsoient de menaces & d'iniures, & quelquefois de coups à leurs escoliers, & le tout sans raison; car il n'en peut reüssir aucun bon effet, en ce que l'homme ignorant estant desia assez estonné de se voir sur vn Cheual qui l'incommode, & duquel les extrauagances le mettent en crainte; Si parmy tout cela celuy qui l'enseigne va augmenter son apprehension par ses menaces, sans doute il continuëra long-temps cette methode auant que rendre son escolier sçauant, pource qu'il fait tout le contraire de ce qu'il conuient, mettant en crainte celuy auquel il est besoin de l'oster & luy donner l'asseurance, ce qui se doit nommer vne pure ignorance; car puisque la vraye & parfaite science est d'arriuer bien-tost à la fin que l'on desire, & que par cette voye on n'y peut iamais atteindre, ceux qui suiuent le contraire se peuuent à bon droit nommer ignorans; & pour soustenir mon opinion, ie dis que si l'escolier qui commence à apprendre commet quelque faute, soit en son action, ne gardant la bonne posture qu'on luy aura enseignée, soit en la conduite de son Cheual, il faut considerer s'il est à propos de le reprendre; & pour le connoistre, il faut iuger le sujet qui le fait faillir; Si c'est manque de tenuë, si c'est estonnement, ou si c'est faute d'esprit ou manque de memoire qui l'ait empesché de retenir ce qu'on luy aura dit; si c'est manque de tenuë, ce seroit vne folie bien grande de reprendre vn homme de sa mauuaise posture, & de manquer à la conduite de son Cheual, lequel est si empesché à se tenir, qu'il ne songe à autre chose. Il faut donc auparauant que d'en venir à la reprehension, luy apprendre à se tenir ferme; au semblable si c'est quelqu'vn qui s'estonne, on profiteroit fort peu durant cét estonnement de censurer ses fautes, parce qu'il n'a rien deuant les yeux qu'vne continuelle apprehension, qui le rend sourd à tout ce qu'on luy peut dire. Il est besoin premierement d'oster cette crainte pour luy rendre l'vsage de la raison & la facilité de bien conceuoir ce que l'on luy enseignera; si c'est faute d'esprit (ce qui est le plus fascheux) car il est tres-difficile d'en donner à ceux qui n'en ont point; Neantmoins, les reprehensions aigres & les tourmens ne luy en donneroient pas dauantage; au contraire, elles estoufferont ce peu qu'il en aura;

de telle sorte qu'elles le rendront incapable de quoy que ce soit, il y faut plustost aller par douceur, pource qu'il n'y a que la longue pratique qui luy puisse faire apprendre ce qu'on desire, à quoy il faut trauailler doucement pour resueiller cette grande stupidité, plustost que d'assoupir tout à fait vn esprit qui ne l'est desia que trop.

C'est ce qu'il faut que celuy qui enseigne considere de prés, afin d'apprendre quand il est temps de parler, & quand il se faut taire; En vn mot, il faut asseurer parfaitement l'homme sur le Cheual, auparauant que de le reprendre, & lors qu'il est asseuré, il est besoin de luy enseigner à se sentir; car il y en a plusieurs qui faillent faute de sentir ny eux ny leur Cheual; & pour preuue, tel pensera la croupe de son Cheual trop dans la volte, qu'elle est trop dehors: Tellement qu'il est besoin de connoistre quand l'homme se sent & ce qu'il fait, afin de luy monstrer distinctement le moyen, en cas qu'il ne le sçeust; ce qui ne s'execute pas en criant ny en menaçant.

De plus, il faut laisser faillir l'escolier au commencement, afin (s'il est possible) qu'il remarque & qu'il se corrige tout seul de sa faute, apres toutesfois l'en auoir fait apperceuoir vne fois ou deux, afin qu'il ne s'attende pas qu'on luy parle tousiours, & qu'il ne s'endorme l'entendement en cette attente. C'est pourquoy ie laisse quelquefois gourmender & battre vn Cheual sans sujet à vn escolier que ie connois manquer de resolution, afin qu'il prenne de la hardiesse; car apres on corrige sans difficulté les deffauts qui viennent par trop de resolution, & bien plus aisément que ceux qui sont causez par trop de crainte, aymant beaucoup mieux qu'vn escolier entreprenne trop que peu, puis qu'il n'y a rien plus agreable à voir que la diligence & la resolution à l'homme & au Cheual en maniant, ny plus desagreable que la lenteur & la molesse. Voila donc la maniere que ie serois d'auis de tenir pour enseigner les hommes, & les raisons qui doiuent obliger ceux qui instruisent de se seruir de la douceur; car puisque ie veux, s'il m'est possible, dresser mon Cheual par toutes sortes de voyes douces, il est bien plus raisonnable que i'exerce la mesme douceur enuers les hommes, lesquels outre qu'ils sont susceptibles de raison, ils n'ont pour but que le desir d'apprendre la vertu.

Fin de la cinquiesme Partie.

TRAITÉ DES MOYENS POVR EMPESCHER LES DVELS, Et pour bannir les Vices qui les causent.

SIXIESME PARTIE.

APRES auoir cy-deuant enseigné bien au long la pratique de dresser les Cheuaux pour les rendre capables de seruir la Noblesse dans la guerre & dans les triomphes, tournois & autres magnificences qui se font en la presence du Roy & de tout le peuple, auec grand appareil & ceremonie, & d'auoir aussi parlé de la maniere d'instruire la jeunesse des meilleures maisons du Royaume en ce bel exercice, j'ay creu estre obligé de tascher à conseruer la vie de tant de genereux Gentils-hommes, que les duels rauissent si souuent à l'Estat, & declarer les moyens que i'estime les plus asseurez pour les empescher.

Pour cét effet, ayant remarqué que les Roys qui ont regné par tant de siecles dans cette Monarchie, & qui durant ce long espace de temps se sont maintenus en cette grandeur, augmenté leur Estat, & porté leurs Armes victorieuses ou bon leur a semblé, malgré tous les efforts de ceux qui se sont voulu opposer à leurs desseins, ont encores prudemment & sagement reconnu que le principal moyen qui les a conseruez, & qui a par plusieurs fois fait reüssir leurs genereuses entreprises, a esté la valeur extréme que toute leur Noblesse leur a fait paroistre en ses occasions. La preuue de cette verité se peut faire par l'exemple que nous en auons en la personne du tres-victorieux Prince HENRY LE GRAND, lequel dãs les guerres qu'il a euës dans son regne, assisté de ses inuincibles courages, a remply l'Vniuers de tant d'admiration par ses inimitables actions, qu'il a luy-mesme donné cette loüange à ses nobles cœurs, de dire que leur ayde auoit esté la cauſe du reſtabliſſement de ſon Eſtat, pour auoir ſi genereuſement hazardé leur vie en toute ſorte de lieux, ſans regarder à quoy ils l'employoient, pourueu que l'execution du deſſein reüſſiſt au contentement de leur Roy. Ce qui a obligé pluſieurs fois ce bon Prince, voyant l'affection de cette genereuſe Nobleſſe, de dire qu'il s'eſtimoit heureux, non pour eſtre Roy d'vn ſi floriſſant Royaume, mais pour eſtre Capitaine d'vn ſi grand nombre de vaillans hommes, par la valeur deſquels il eſperoit de conquerir non ſeulement vn Eſtat comme cettuy-cy, mais encores tout le monde ſi l'enuie luy en euſt pris, ne croyant rien capable de reſiſter à ſes armes, quand il les euſt employées, qui fait que les cauſes de nos regrets ſont ſi iuſtes, qu'il me ſeroit impoſſile de les exprimer, à moins que de repreſenter toutes ſes vertus, leſquelles pour les mettre par ordre, les meilleures plumes de l'Vniuers n'y ſçauroient donner atteinte. Ie ne veux ſeulement faire remarquer icy que celle de ſon bon naturel & de ſon grand iugement; de ſon bon naturel, en ce que ſes plus grands delices ont touſiours eſté de recompenſer tous ceux qui l'ont fidelement seruy, & non contant d'auoir donné la recompense meritée à ceux-là, il a fait voir clairement qu'il n'a point fait de mal à ses ennemis quand il en a eu le pouuoir. Toutes lesquelles choses ne le satisfaisoient encores, disant que de donner du bien aux hommes qui le meritoient, c'estoit l'ordinaire des Princes genereux; voulant que tout ainsi qu'il estoit hors du commun de tous les autres Princes, ses actions fussent aussi reconnuës plus rares, que les autres ne donnoient que des biens, & que luy, vouloit donner la vie à mille & mille Gentils-hommes que les combats particuliers luy rauissoient, lesquels il vouloit conseruer pour s'en seruir en de plus iustes occasions; Entreprise certes digne d'vn grand Monarque comme il estoit, & à laquelle tous ses predecesseurs auoient manqué.

Pour la commencer, il eut besoin de se seruir de son iugement, qui le fit considerer qu'vne maladie inueterée ne se peut guarir tout d'vn coup, & que les courages François estoient si chatoüilleux aux offenses, que rien que la seule vengeance ne pouuoit arrester ce feu: Il fit comme le bon Medecin, qui ne deffend pas à ſon malade la qualité de la viande qui luy nuit, mais bien la quantité: De meſme, il ne leur deſnia pas les combats, mais il leur en deffendit l'entrepriſe ſans permiſſion; laquelle eſtant demandée, ceux qui auoient l'autorité de la donner auoient auſſi commandement de la refuſer, ſinon en toute extremité de faire ſatisfaire l'offenſé de telle ſorte, qu'il eut occaſion de ſe contenter, eſperant par-là eſpargner la vie de tant de Nobleſſe, que l'imprudence aſſiſtée de colere conduiſoit tous les iours au tombeau; ne croyant pas qu'il y eut gueres de differens, que des perſonnes d'autorité & de iugement ne peuſſent terminer par la douceur.

Voila en verité vn beau deſſein & digne d'eſtre entretenu, mais ie voy aujourd'huy tant de meſcontement parmy la pluſpart de la Nobleſſe courageuſe, qui dit qu'on les veut mettre au Pair par ce moyen auec les laſches courages, deſquels il faut qu'ils endurent, & que pluſtoſt que cela ſoit, ils ayment mieux e laiſſer emporter à la deſobeyſſance, comme il s'en eſt veu & s'en voit aſſez ſouuent des teſmoignages. Car de croire que la punition ignominieuse du mort ny du vif arreste le cours de cette furie, c'est ce que ie ne pense pas, bien en pourra-t'elle retenir quelques-vns, mais quelques autres emportez de ce feu ne s'empescheront iamais de faire quelque coup de desesperez. Il me semble que i'entends aussi quantité de plaintes en cette Cour de ceux qui sont offensez, disant qu'on leur deffend bien de tirer raison de leur offense, mais qu'on ne leur donne pas sujet de contentement, en ce que se plaignant & demandant le combat on ne leur veut accorder: & si on ne les fait pas satisfaire auec la promptitude requise au ressentiment qu'en a l'offensé; car il s'en est treuué qui ont supporté vn démenty par longues iournées, premier que d'en auoir eu la satisfaction requise (à leur grand desplaisir) disant que si il leur eust esté permis se seruir de leurs armes, leur contentement eust esté plus brief, n'y ayant rien si doux à vn braue courage, que de repousser vne iniure receuë, ny plus ennuyeux, que de voir son ennemy sans luy oser rien dire.

Ceux qui ont encores plus d'occasion de se douloir sont ceux qui sont dans les Prouinces, disant qu'on leur commande l'impossible quand on leur ordonne de se plaindre à Messieurs les Mareschaux de France, Gouuerneurs & Lieutenans de Roy; chose tres-difficile à eux, d'autant que la pluspart des Mareschaux de France, Gouuerneurs & Lieutenans de Roy, ne sont presque iamais dans leurs Gouuernemens: Tellement que de les venir chercher à la Cour où ils font leur demeure plus ordinaire; Il est impossible à vn pauure Gentil-homme qui trauaille assez, à viure de son mesnage en sa maison, d'entreprendre vn voyage de si longue haleine pour y despendre tout son bien; & qu'ainsi il ayme autant perdre la vie en se vengeant, que de viure apres auoir esté chercher vne satisfaction du tout à sa ruine. Que de plus, nous sommes en vne saison où la pauure Noblesse est tellement mesprisée, au prix de ceux qui portent le clinquant, que si vn pauure Gentil-homme venoit de la Campagne habille, modestement, demander le combat contre quelques vns plus releuez en biens & en fortunes que luy, il n'y a nul doute que la pluspart de ceux qui ne passent leur temps qu'à rire du mal-heur d'autruy, luy feroient vne huée & le contraindroient peut-estre de s'en retourner (les rieux n'estant de son costé) crainte de receuoir vn affront, ou bien s'il venoit à vn accord, se seroit auec tant d'inegalité & mespris de sa partie, qu'il n'y a nul doute que sentant son courage aussi bon que celuy qui aura plus de bien que luy, il se retirera auec tant de desplaisir, que si pareille occasion se presentoit. Il est certain qu'il se resoudroit plustost à perdre la vie auec tout ce qu'il possede, & endurer encores toutes sortes de supplices, que de se sousmettre à d'autre satisfaction que celle que luy dõneroit son espée. Tellement que cela estant, & suiuant tousjours la voye de la rigueur, sans donner des voyes plus faciles aux offensez de tirer raison de leurs offenses, ce n'est pas l'inuention de couper cette racine, au contraire il en peut arriuer du mal-heur, car faisant ressentir les rigueurs de l'Edict à ceux qui le transgressent, c'est desobliger toute la famille de celuy qui aura receu l'ignominie; de telle sorte qu'encores qu'ils ne fassent semblant pour l'heure d'en auoir du ressentiment, neantmoins il faut croire qu'ils ne sont pas insensibles, puis qu'ils sont nés François.

En disant ces choses, ie n'entends pas parler contre les Edicts si sagement ordonnez par ce tres victorieux Prince HENRY LE GRAND; au contraire, mon intention n'est que d'en faciliter l'execution, sans que personne aye nulle occasion de mescontentement, quand on apportera toutes sortes de rigueurs pour les faire obseruer, m'asseurant que les Peres mesmes seroient les Iuges de leurs Enfans; & pour paruenir à ce but, ie feray voir deux moyens fort aysez & necessaires, de suiure comme ie croy, mais auparauant ie diray.

Qu'il faut que l'Edict soit entretenu en toutes ses parties, & plustost mesme en augmenter les peines, que de les diminuer; d'autant que c'est vne chose qui fait tort à l'autorité Royale, que de commander sans estre obey; en ce que de la desobeyssance, toutes les licences mauuaises prennent leurs origines, & vaudroit beaucoup mieux à vn Prince ne commander rien & ne faire point de loix que de n'estre obey, & ne les faire pas obseruer, mais pour faciliter la voye aux offensez de se satisfaire sans trauail ny sans inquietude.

Le premier moyen est, que ceux de la Cour & qui la suiuent d'ordinaire, ont Messieurs les Mareschaux de France si proche d'eux, que s'ils manquent à obeyr aux Edicts, ils meritent de seruir d'exemple plustost que les autres. Pour ceux qui sont dans les pays, il y a vne voye fort facile, qui est qu'en chaque Prouince il pleust au Roy de nommer trois Gentils-hommes & leur donner Commission, portant pouuoir de connoistre des querelles & d'en dõner le iugement en l'absence des Gouuerneurs & Lieutenans du Roy, ausquels Gentils-hõmes, les offensez ayant fait leur plainte, auroient le pouuoir de leur faire deffenses de passer outre, & leur ordonner de se trouuer aux lieux plus commodes qu'ils esliroient pour entendre leurs differends; & si le Gouuerneur & Lieutenant de Roy estoit dans le pays, j'entens que l'assignation soit prise deuant celuy qui y sera, afin que l'autorité qui leur est acquise par leurs charges d'ordonner des querelles, leur soit conseruée, & qu'ils prononcent le iugement qui en sera fait auec l'aduis de ceux qui seront commis par le Roy en leur absence pour faire cét Office, ausquels ils feront l'honneur de leur demander,

der, & les appeller en pareilles occasions pour leur rendre assistance : Mais si l'vn & l'autre n'estoient dans le pays, ils pourront iuger l'affaire selon qu'ils aduiseront ; & si l'vne des parties n'agreoit leur iugement, il seroit permis à celuy qui ne seroit content, d'appeller pardeuant le Roy & Messieurs les Mareschaux de France : Mais incontinent son appel formé, il faudroit qu'il fut contraint auant que d'y estre receu, de donner argent entre les mains de Messieurs les Deputez, afin qu'ils depeschassent promptement vers mesdits Seigneurs les Mareschaux de France, auec le sujet de leur querelle escrit bien au long, & leur iugement donné là dessus ; & où le Roy, assisté de Nosseigneurs les Mareschaux de France, trouueroit l'affaire bien iugée par le premier iugement, sa Maiesté auroit agreable de condamner l'appellant à telle punition qu'elle verroit bon estre, afin de chastier son insolence d'auoir esté si imprudent d'appeller pour la seule vanité d'estre iugé par la bouche de sa Maiesté, y en ayant de si vains & de si glorieux, qu'ils formeroient exprés des querelles, pour auoir l'honneur de paroistre deuant le Roy, & tascher par ce moyen à luy donner vne bonne opinion de leur courage, quoy que peut-estre il s'y trouuast du manque: C'est pourquoy sa Maiesté connoissant cette gloire, pourroit outre le chastiment qu'elle leur feroit ressentir, les condamner auec les frais du voyage à vne grosse amande, qui seroit employée à ce que ie diray cy-apres.

Mais si le Roy auoit la bonté, comme ie viens de dire, de vouloir prendre la peine, vn ou deux iours chaque mois, de se faire rapporter deuant luy les iugemens qui auroient esté donnez dans les Prouinces par les Gouuerneurs, Lieutenans de sa Maiesté, ou les trois Gentils-hommes deputez pour cela, desquels il y auroit appel, pour sur iceux donner tels iugemens qu'il auroit agreable. Cette bonté extréme & cette tendresse que le Roy tesmoigneroit à toute sa Noblesse, de vouloir prendre soin des affaires qui regardent leur honneur, & de les iuger elle-mesme lors qu'il en seroit besoin, toucheroit si sensiblement le cœur des Gentils-hommes (voyant cette extréme bonté & faueur de leur Prince) que ie ne croy pas que tous ne se resolussent aysément à cette obeyssance, puisque c'est vne chose connuë de tout temps en ce Royaume, que la Noblesse se retient bien plus facilement dans l'obeyssance, par les faueurs que les Roys leur tesmoignent, en prenant soin d'eux, que par toutes les peines les plus rigoureuses ; & ainsi le Roy s'interessant en cette cause & faisant l'honneur à toute sa Noblesse d'y vouloir donner de son temps, cela porteroit vne crainte generale par tout l'Estat, qui empescheroit beaucoup de maux : Et d'autant qu'il faut éuiter de tout son pouuoir de donner du trauail à l'esprit de sa Maiesté, toutes les affaires dont ie parle pourroient estre mises en si bon ordre, que (comme ie viens de dire) le temps d'vn iour par mois suffiroit pour estre rapportée deuant elle.

Les raisons pourquoy ie desire que dans chaque pays il y aye ce nombre de Gentils-hommes ordonnez, pour faire cét Office sont quatre. La premiere, que cela approche plus prés de la forme, que la Noblesse a accoustumé de tenir quand ils ont quelque different, en ce qu'ils nomment chacun vn ou deux de leurs amis, au iugement desquels ils se sousmettent d'obeyr. La seconde, qu'il est tout certain que la faueur ne regne iamais gueres en vne iustice où les Officiers sont changez tous les ans. C'est pourqnoy ceux qui seront Iuges vne année, & qui verront que celle d'apres il faut qu'ils acquiescent au dire d'autruy, & peut-estre à celuy de quelques-vns de ceux à qui il auroit fait iniustice, qui luy pourroit rendre, cela les obligera de regarder de prés à suiure la droite voye, ioint aussi que si on leur faisoit quelque reproche apres qu'ils seroient hors de charge, ce leur seroit vne tache d'ignominie qui les empescheroit d'estre employez en quelques autres affaires de plus grande consequence pour le seruice de leur Prince. La troisiesme raison est, que cette nomination estant faite tous les ans, cela donnera de l'émulation à toute la Noblesse de tascher de se rendre capable d'atteindre à cét honneur, d'estre estimez propres à seruir leur patrie à vne si belle action. La quatriesme raison est, que la pluspart de la Noblesse qui demeure en la Campagne, & qui n'a iamais frequenté la Cour ny les Grands, pour leur peu de moyens, qui ne leur a peu permettre faire cette despence, se sentant obligez d'aller demander le combat à Messieurs les

Mareschaux de France, Gouuerneurs ou Lieutenans du Roy, il n'y a nul doute que ne les rencontrant sur les lieux, ils aymeront mieux se mettre au peril de perdre leur vie & se vanger, que de vendre leur bien pour s'aller plaindre ; & si par hazard ils sont dans les pays, ils se trouueront si estonnez pour n'auoir accoustumé la frequentation des personnes d'autorité, que plusieurs, plustost que se presenter deuant eux, se resoudront à tirer la raison de leurs offenses, auec les armes; ce que ie croy qu'ils ne feroient, si la forme que j'ay dite estoit suiuie, parce qu'ils ne trouueroient pas si estrange de se presenter deuant ceux qu'ils auroient accoustumé de voir, que deuant gens qui ne seroient de leur connoissance, & desquels ils redouteroient les iugemens.

De plus, il en arriueroit encores vn autre grand bien, c'est que la plusspart des querelles estant fondées sur des procez, on pourroit par mesme moyen accorder beaucoup de differends, qui causent aujourd'huy la ruine de la plusspart de la Noblesse, & s'il se trouuoit quelque querelle si difficile à accorder l'offense, estant telle qu'elle ne se peust reparer que par le sang de celuy qui l'auroit faite, ou par la seule autorité Royale ; en ce cas, les Gentils-hommes nommez par le Roy pour terminer ses differends dans les Prouinces, pourroient renuoyer les parties deuant sa Maiesté pour iuger ce que bon luy sembleroit, sur vne ample relation qui seroit enuoyée de leur different; & ainsi la Noblesse ayant les voyes ouuertes pour auoir satisfaction de leurs offenses par l'accord ou par les armes, ne deuront plus attendre qu'vne seuere punition, en cas qu'ils se trouuent contreuenir aux Edicts du Roy.

Le second chemin que ie iugerois à propos de tenir, ne sembleroit pas estre bon ny Chrestien; mais quoy que ce soit, il est fort politique & mesme se peut, comme ie croy soustenir, en ce que l'on dit qu'il est permis de souffrir vn peu de mal pour empescher vn tres-grand mal; qu'il est permis de hazarder vn homme pour sauuer toute vne armée: Tout de mesme, i'estime qu'il seroit sans offense de consentir vn combat ou plusieurs selon le besoin, pour euiter quantité de combats, & croy que qui en accorderoit quelquefois & mesme à ceux qui tesmoignent en auoir tant d'enuie, qu'apres peu se presenteroient à en demander imprudemment ; & s'est veu vn exemple à ce propos, lors que feu Monsieur le Mareschal de Brissac estoit en Piedmont, il fut vn temps qu'en l'armée où il commandoit, ils se faisoit souuent des combats, nonobstant ses deffenses; à quoy il ne trouua meilleure inuention pour éuiter ce mal, que de permettre de tirer raison de son offense par les armes, pourueu qu'on luy demandast, & vn peu apres accorda le combat à deux qui tesmoignoient le desirer auec passion, depuis lequel, personne ne se presenta pour luy requerir; & par cette voye, il chassa les duels d'auprés de luy. On me pourra objecter là dessus, que si les combats sont consentis si facilement à qui les demandera, qu'il n'y aura homme de bien en France asseuré de sa vie, & que nous auons veu le temps, que lors que quelque jeune homme estoit nouueau venu des pays Estrangers, où la pluspart apprennent à tirer des armes. Il ne pensoit pas estre estimé galand homme, s'il ne s'estoit battu en duël & s'il n'auoit attaqué quelque braue courage pour se ſignaler (ſe perſurdant par la bonne opinion qu'il auoit conceuë de ſon adreſſe, que les plus vaillans ne pouuoient ſubſiſter deuant luy) & pour cette occaſion, on a veu par le paſſé des querelles priſes par ſes ieunes gens contre des perſonnes eſprouuées, ſur ſi peu de ſujet, que ſi on n'y auoit l'œil, la permiſſion des combats ſeroit pour en venir encores là. Mais à cela, on peut facilement reſpondre & dire, lors que ſes eſprits boüillans alloient inconſiderement faſcher les plus ſages, pour rendre à leurs deſpens teſmoignage de leur hardieſſe, ils faiſoient ſes entrepriſes ſans congé; mais à cette heure qu'il faut demander le conſentement, j'entends qu'on ne le donne à perſonne qu'auec connoiſſance de cauſe; pource que ſi les imprudens ſe veulent auantager ſur l'honneur de quelque Caualier ſage & courageux, & le faſcher de gayeté de cœur pour l'obliger à demander le combat lors qu'il fera la demande: Il faut ſçauoir la cauſe & ſi les Iuges connoiſſent que ſans ſujet celuy qui ſe pleint a eſté offenſé, il eſt beſoin que celuy qui ſera ſi oſé d'offenſer inconſiderement, pour ſe ſignaler aux deſpens d'autruy, ſoit chaſtié ſi exem-

exemplairement, que les autres ayent apprehension de la rigueur que luy aura produit sa presomption; estant mon opinion que celuy qui attaque vn autre sans cause, merite plustost de perdre la vie, que celuy qui auec cause legitime a recours à ses armes pour repousser l'iniure, bien que contre les Loix, que selon mon aduis les combats estant quelquefois permis, apporteront beaucoup de pacification aux querelles; car il est tout certain que la plus-part croyent, que quoy qu'ils fassent, & quelque sujet d'offense qu'ils donnent, on n'accordera iamais le combat à ceux qui auront cause de le requerir; si bien que par cette voye les poltrons ont gagné leur procez, & ne se soucient de quereller (sur cette asseurãce) les plus gens de bien. Mais s'ils voyoient le chemin ouuert de se satisfaire auec la pointe de l'espée, cela feroit qu'ils retiendroient leurs langues, changeant leurs actions glorieuses & insupportables en de plus douces.

La troisiesme voye & la plus asseurée pour déraciner cette maladie de si longue main inueterée parmy les plus braues courages, est d'en oster la cause, & l'estouffer dés sa naissance; car il ne suffit pas de faire des deffenses que l'on ne commette point de vice, & mesmes ordonner des peines pour les mal-faicteurs: Mais il faut faire en sorte qu'il n'y ait point de delinquants, ou que le nombre en soit si petit, qu'il ne se connoisse pas parmy vne si grande multitude; chose fort aisée à faire & mesme dans cét Estat, où les esprits sont si naturellement inclinez à la vertu, qu'ils ne se portent iamais au vice, sinon par accident, qui fait qu'ayant connoissance que la ieunesse d'aujourd'huy s'y laisse comme insensiblement transporter par faute de bonne nourriture, & que leur nature se forme au bien ou au mal, depuis l'âge de quatorze ans iusques à vingt.

Pour éuiter aux mal heurs qui en arriuent tous les iours, toute la France auec moy doit tres-humblement supplier le Roy de trouuer bon l'aduis que ie luy donne, de fonder quatre Colleges d'Armes ou Academies en cét Estat, l'vne à Paris, la seconde à Tours, la tierce à Lyon, & la quatriesme à Bordeaux, & y commettre en chacune vne personne de qualité & de suffisance, digne d'en auoir la conduite, leur donnant commoditez pour cela, afin que par le moyen de cét ayde ils puissent faire meilleur marche des pensions, & qu'ainsi les paures Gentils-hommes y soient aussi bien receus que les riches; d'autant qu'il n'y a aujourd'huy que ceux qui ont quantité de biens qui puissent faire instruire leurs enfans aux bonnes mœurs, en ce que pour faire instruire vn ieune homme, il faut pour la pension de luy & d'vn lacquais pour le seruir, cinq cens escus par an, sans conter les habits & autres choses necessaires; & si encores ceux qui tiennent les escholles ne peuuent à ce prix-là faire les choses que ie diray cy-apres, ny s'acquitter si dignement de cét Office qu'ils desireroient; mais estant vn peu secourus du Roy, ils pourront mettre les pensions à mille liures ou moins, s'il se trouue qu'ils y puissent subsister; & ainsi se fera ouurir la porte aux pauures, qui n'ont pas le moyen aujourd'huy de faire vne si grande despense pour la nourriture de leurs enfans.

Que si on me repart qu'il y en a en France qui ont fait de pareilles entreprises sans auoir secours que de celuy qu'ils peuuent pratiquer par leur labeur, ie respondray que plusieurs à Paris se sont efforcez d'arriuer à ce but, mais peu ailleurs, & point du tout ny à Paris ny aux autres endroits, qui puissent splendidement faire cette affaire. La premiere raison est, qu'il n'y a point de gens de qualité en cét Estat (ou fort peu) qui se meslent de cét exercice, & que la plusspart de ceux qui y vacquent n'ayant autre but que leur profit particulier, il est impossible que par cette voye ils puissent bien s'acquitter de leur deuoir; estant tout certain que les affaires domestiques ont tousiours nuy & nuiront aux publiques. Mais qui voudra nettement & en conscience faire quelque chose qui luy apporte de l'honneur, il faut qu'il aye vn fond duquel il soit asseuré, afin qu'il ne soit point forcé à vser de compliment & d'attraits enuers ses escoliers, pour les retenir ou pour en attirer d'autres (que le vulgaire nomme propremẽt charlatannerie) & ce de crainte que manque d'escoliers la charge de son équipage luy demeure sur les bras, sans autre recours que ce qu'il pourra retirer de son bien, ce qui n'est pas raisonnable; car il n'y a nulle apparance qu'vn homme vertueux & de bonne qualité, despende son bien pour faire du bien aux autres; occasion qui m'oblige de representer le besoin qu'il a de quelque peu d'ayde pour faire ce que ie propose.

Et d'autant que la grandeur de la chose pourroit faire naistre de la difficulté, & faire croire à plusieurs que les grands desseins ne se menent gueres à fin, qu'auec vne grande despence qu'il faut éuiter en ce temps de tout son pouuoir, & qui est tellement apprehendée en cét Estat, que le plus souuent les actes vertueux ont esté ensevelis dans l'oubly, par faute de faire cas des personnes qui les pouuoient mettre au iour, j'ay creu estre obligé de leuer ce doute, puisque la connoissance que j'en ay m'en donne le moyen.

Ie dis donc qu'il est besoin à celuy qui veut entreprendre la conduite d'vne escole de vertu, telle que ie la representeray cy-apres, d'auoir vn logis grand & spacieux pour loger les Gentils hommes qui luy seront mis entre les mains. Dauantage, il luy faut au moins vingt Cheuaux d'abord, gens pour les penser, Officiers & Seruiteurs pour son affaire, Tireur d'armes, Maistre à danser, Voltigeur, Mathematicien, homme de Lettres, pour faire les leçons que ie diray : Toutes lesquelles personnes il faut payer & nourrir, soit qu'il y ayt beaucoup d'escolliers, soit qu'il y en aye peu: Tellement qu'estant vne chose certaine, qu'il faut tousiours auoir moyen d'entretenir cét équipage, & incertaine d'auoir tousiours nombre suffisant d'escoliers pour subuenir à à ses frais; c'est la raison pour laquelle il faut vn fonds pour la faire reüssir & durer perpetuellement, au grand profit & vtilité de l'Estat.

Pour faire connoistre particulierement l'ordre qui se tiendroit dans les escolles que ie propose, ie diray ce qui est de mon aduis & quelle seroit mon intention. Premierement, toute la matinée seroit employée pour l'exercice de la Caualerie & pour courre la Bague. L'apresdisnée, sçauoir le Lundy, Mercredy, Vendredy & Samedy, pour les exercices de tirer des armes, danser, voltiger & les Mathematiques, & pour les deux autres apresdinées du Mardy & du Ieudy, il seroit à propos que celuy lequel cy-dessus i'ay qualifié homme de Lettres, traitast, en presence de cette jeunesse assemblée, de toutes les vertus moralles, ensemble des exemples qui se tirent des Histoires, tant anciennes que modernes, pour les esclaircir ; & apres les auoir instruits sur ce qui despend des mœurs, passer à la politique, comme partie la plus necessaire ; & la, dessus leur monstrer la forme qu'il faut tenir pour gouuerner les Prouinces, les Villes & les Places qui leur seroient confiées entre les mains, comme il se faut maintenir aux Armées, soit pour commander, soit pour obeyr ; comme quoy seruir le Roy en Ambassade, ou en quelque autre affaire particuliere. Bref, tascher par ce moyen de les rendre capables de bien seruir leur Prince, soit en paix ou en guerre.

Dauantage, considerant qu'il y a plusieurs qui se meslent de mener des Cheuaux & de porter vne espée, qui se trouueroient fort estonnez s'ils se voyoient à Cheual armez de toutes pieces : cela fait que ie desirerois tous les mois choisir vn iour de Feste, & apres le seruice Diuin ayant nombre suffisant de Noblesse, les faire armer, soit pour courre la Bague, pour rompre en lice, ou pour sortir à la Campagne, afin de leur apprendre la maniere d'aller au combat, le moyen d'attaquer vn escadron, la forme de se retirer. Bref, tout l'ordre de la guerre, & faire ses combats tantost à Cheual, tantost à pied, en faisant faire des forts de terre pour les attaquer, & deffendre à cette jeunesse (selon leur force) afin de leur enseigner à bien attaquer vne place & la bien deffendre, donnant les commandemens alternatiuement aux vns & aux autres, pour les rendre tous dignes de bien commander & de bien obeyr.

Ie ne doute pas que si le Roy entre en consideration de ses choses, qu'il ne iuge facilement que l'execution de cette entreprise produira de si bons effects dans son Royaume, qu'il pourra dire auoir receu plus de bien de sa Maiesté seule, que de tous les Roys ses predecesseurs, & marqué son regne d'vne si belle marque, que ses loüanges en seront publiées eternellement dans cette Monarchie; d'autant que par ce moyen il en aura banny tant de vices qui sont si communs.

Premierement, le peu d'amour & de respect à Dieu & à son Prince, la desobeyssance à ses commandemens, d'où s'en est ensuiuy autrefois des reuoltes des Coniurations, & mille autres crimes qui en despendent. La rancune contre son prochain, l'ambition d'entrer en fortune,

fortune au preiudice d'autruy, des ligues & des partialitez dans les Prouinces, mille voleries, empoisonnemens, assassinats, gourmandises, paillardises, blasphemes contre Dieu, & le plus souuent contre son Prince. Les querelles & les duels si frequents en ce temps, & quantité d'autres desordres que i'aurois horreur de nommer, lesquels ne prennent leur source que du manque que leurs esprits ont de bonnes occupations en leur ieunesse, faute desquelles ils se laissent aller insensiblement dans ce labyrinthe de vices; d'où puis apres ils ne se peuuent retirer; car c'est vne chose toute connuë que la nourriture a plus de force sur les esprits des hommes, que leur naissance & leur inclination naturelle, & les exemples que nous en voyons tous les iours nous en donnent tant de certitudes, qu'il n'en faut entrer en doute, en ce que ceux qui se remarquent parmy nous, non seulement nous font voir cette verité, mais aussi ceux qui se rencontrent parmy les plus barbares & infidelles Nations de la Terre.

Pour m'esclaircir dauantage, il ne faut que considerer la nourriture qui se fait par le soin du grand Seigneur, des enfans qu'il prend sur les Chrestiens par tribut, desquels il est si curieux de la nourriture & de l'instruction, qu'apres les auoir fait apprendre à luy rendre du seruice, il ne confie pas seulement ses Places en leur fidelité, mais sa personne mesme, n'y ayãt rien plus vray que sans leur assistance ceux qui ont tenu cét Empire, eussent perdu beaucoup de fois la vie & l'honneur tout ensemble.

Par là on peut tirer vne consequence certaine, que si des enfans sortis de Peres Chrestiens, & rauis par force d'entre les bras de leurs parens, par le commun ennemy de la Religion en laquelle ils sont nez ; nonobstant, toutes ses considerations portent (en recompense de la bonne nourriture) leur vie contre leurs plus proches, pour soustenir les interests de celuy qui les a esleuez : Que des Gentils-hommes vrayement nez François & Chrestiens la porteront bien plus franchement pour leur Prince naturel & pour leur bien-facteur, si l'obligation qui les y astreint par la Loy diuine & humaine, est fortifiée d'vn soin particulier de les faire tous instruire en la connoissance de la vertu & de toute sorte d'honnestes exercices de l'esprit & du corps, n'y ayant point de thresors ny de biens qui puissent tant obliger vn braue courage, qu'vne bonne instruction, qui fait que ie ne m'amuseray point particulierement à dire les fruicts que le general ressentiroit de la bonne nourriture de ceux qui passeroient par de si bonnes escolles, j'en laisseray la consideration aux personnes de bon esprit & de bon iugement: Ie ne parleray non plus du contentemẽt & du profit que le Roy receuroit en l'execution d'vn si beau dessein, seulement ie supplieray tres-humblemẽt sa Maiesté de considerer que les grandes conquestes & l'institution des bonnes Loix ne s'estant iamais faites que par la force, l'industrie, & la bonne nourriture des hommes, celuy qui assujettira leur courage dés leur premiere ieunesse, infusant les bonnes mœurs, & ployant leur nature au bien, aura auec raison plus de pouuoir de conquerir les Monarchies, & de faire obseruer ses commandemens, s'il peut rendre à sa deuotion ceux qui font ou deffont les Royaumes.

Et d'autant que la proposition que ie faits de fonder ses escolles vertueuses, & donner moyen à ceux qui seront choisis pour y commander, de s'en acquitter si dignement, que la reputation en puisse voler par toute la Terre. Ie n'ay pas declaré quelle despense seroit besoin pour cela, j'ay iugé à propos de faire voir qu'elle est si petite pour le grand bien qui en prouiendra à l'aduenir, qu'asseurement tous ceux qui font profession de l'honneur joindront leurs prieres à mes tres-humbles supplications, puisque la charge est de si peu de consequence, & laquelle encores le Roy peut trouuer, sans qu'il luy couste, ny sans que le public & le particulier en soit interessé.

Le fonds que ie desire n'est que de soixante mil liures par an, lequel se pourra partager en quatre, à Paris trente mil, pource que l'abord estant plus grand en cette Ville, tant pour la demeure de la Cour des Ambassadeurs, que de toute sorte d'Estrangers, il est necessaire que l'eschole y soit plus grande & plus splendide qu'ailleurs; puis les trente mil qui restent, les diuiser esgalement à Tours, Bourdeaux & Lyon, à chacun dix mil: Laquelle somme de soixante mil liures se pourra prendre sur le fonds des pensions & entretenemens que le Roy donne tous les ans à sa Noblesse;

d'autant que cette petite somme retranchée sur le total, chaque particulier s'en ressentira si peu, que tous seront contens de cette ouuerture; & ne s'en trouuera point, ny mesme de ceux qui sont des meilleures Maisons, qui n'ayent des enfans ou des parens, lesquels par faute de bonne nourriture se plongent tous les iours dans les vices, m'asseurant qu'il n'y en a aucun de tous ceux qui tirent des gratifications du Roy, qui n'aymast mieux n'en auoir iamais eu, que voir son fils, son nepueu, ou son parent, en hazard d'estre ignominieusemẽt traité de la Iustice, comme ont esté ceux qui conduits de la furie ont cy-deuant transgressé les Edicts & perdu l'honneur & la vie tout ensemble; ce qui ne seroit arriué, si du commencement ses imprudens eussent esté esleuez en des escolles semblables à celles que ie propose; lequel fonds le Roy pourra dans peu de temps faire retirer si bon luy semble, & au lieu de cette petite somme y affecter des Benefices, comme ils vaqueront, ou des pensions sur iceux. Dauantage, i'ay cy-deuant dit que ceux qui prendroient des disputes inconsiderement & qui seroient condamnez à quelques amandes par Messieurs les Deputez Commis dans les Prouinces, ou par Nosseigneurs les Mareschaux de France, que i'entendois que ses deniers fussent affectez pour l'auancement & augmentation de l'Accademie de la Prouince, ou celuy qui la deuroit feroit sa demeure.

Et où il y auroit quelqu'vn si inconsideré cy-apres, qui (nonobstant les deffenses & les moyens que ie propose pour assoupir les differends) transgresseroit les Edicts & se seruiroit de ses Armes sans la permission de ceux qui auroient le pouuoir de la luy donner, il seroit à propos qu'en ce cas, confiscation eust lieu par tout le Royaume, & que le bien des delinquans fust confisqué & affecté à l'entretenement & augmentation de ses Colleges d'armes & de vertu, afin que peu à peu le reuenu y croissant, ce fust vn moyen à l'aduenir que les pauures Gentils-hommes y peussent estre nourris, sans payer pension, ny sans qu'il leur coustast, sinon vne eternelle obligation qu'ils auroient à leur Prince; & me semble estre vne chose tres-iuste, que si vn Gentil-homme vient à faillir par imprudence, manque d'auoir esté bien nourry en son bas aage, & que son bien ſoit confiſqué, que l'eſmolument qui viendra de la confiſcation ſoit employé à donner ordre que la ieuneſſe (& peut-eſtre les parens des coupables) ſoit diuertie par vne bonne inſtruction à ne tomber pas en vn pareil accident; car par-là, ſe ſera empeſcher que tous les Gentils-hommes, ny meſmes les plus proches des criminels, ne ſe pourront offenſer legitimement, puiſque le bien ne ſera appliqué qu'au profit de tout le corps de la Nobleſſe, & à l'éleuation aux bonnes mœurs de ceux qui ſont de la meſme qualité, leſquels ſe voyans eſleuez dans ſes eſcolles de vertu, fondées des biens confiſquez ſur les infracteurs des Edicts du Roy, & ſuceant en cette nourriture le ſang de ceux qui ont deſobey, ſans doute cela leur ſeruira d'exemple tres-ſenſible, pour les empeſcher de tomber en pareil crime.

Mais pource que dans l'eſtabliſſement de ſes belles eſcolles d'honneur & de vertu il s'y pourroit commettre quantité d'abus, en ce que beaucoup de perſonnes incapables voudroient entreprendre de leur ſeul mouuement & ſans approbation ny permiſſion, de tenir des Accademies dans les meilleures Villes du

Royaume, pour la seule esperance de gagner de l'argent, i'estime estre tres à propos que celuy qui aura soin de faire vne pareille entreprise en quel lieu que ce puisse estre dans cét Estat, qu'il ait premierement à s'addresser à Monsieur le grand Escuyer, pour faire preuue en sa presence de sa suffisance & capacité en l'exercice de monter à Cheual, & en tous les autres qui s'enseignent dans les Colleges d'Armes; en suitte, qu'il luy donne connoissance de sa vertu & de sa naissance, afin que nul ne soit admis à auoir la conduite de ces belles Escolles, que premierement il n'aye esté nommé au Roy par le grand Escuyer de France, comme estant le seul Officier de la Couronne, auquel est deu cét examen & cette nomination; car ayant le commandement sur toutes les Escuries du Roy, sur les Escuyers & Officiers d'icelle, qui ont le soin de la nourriture & instruction des enfans de bonne maison, qui ont l'honneur d'y estre elleuez, il est tres raisonnable que ceux qui seront commis pour la nourriture de la Noblesse de France, soient sous sa charge, & despendent absolument de luy, afin qu'il en puisse respondre au Roy, & par ce moyen

pouruoir

pouruoir à tous les deſordres qui pourroient arriuer en ſes Eſcolles, par la faute de ceux qui en auroient la conduite.

Voila donc les meilleurs remedes qui ſe connoiſſe pour guarir la pernicieuſe maladie qui a perdu tant de Gentils-hommes depuis tant d'années, leſquels ie n'euſſe pas eſté ſi temeraire de mettre à la fin de cét ouurage, que ie prends la hardieſſe d'offrir au Roy; Mais ne doutant pas que ſa Maieſté ne ſe porte auec vne affection extréme à la conſeruation de ſa Nobleſſe, j'ay creu qu'elle n'auroit point desagreable que ceux qui ſont nez Gentils-hommes trauaillaſſent à en faciliter les moyens.

FIN.

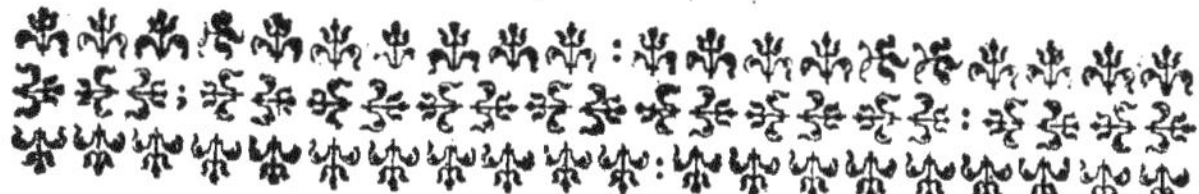

TABLE DES CHAPITRES Contenus en ce present Liure.

PREMIERE PARTIE.

SECONDE PARTIE.

TROISIESME PARTIE.

QVATRIESME PARTIE.

CINQVIESME PARTIE.

SIXIESME PARTIE.

Fin de la Table.

www.ingramcontent.com/pod-product-compliance
Ingram Content Group UK Ltd.
Pitfield, Milton Keynes, MK11 3LW, UK
UKHW022051260726
13993UKWH00001B/46